IT kompakt

Die Bücher der Reihe „IT kompakt" zu wichtigen Konzepten und Technologien der IT:

- ermöglichen einen raschen Einstieg,
- bieten einen fundierten Überblick,
- eignen sich für Selbststudium und Lehre,
- sind praxisorientiert, aktuell und immer ihren Preis wert.

Manfred Brill

Virtual Reality kompakt

Entwicklung von immersiver Software

 Springer Vieweg

Manfred Brill
Informatik und Mikrosystemtechnik
Hochschule Kaiserslautern
Zweibrücken, Deutschland

ISSN 2195-3651   ISSN 2195-366X (electronic)
IT kompakt
ISBN 978-3-658-41244-9   ISBN 978-3-658-41245-6 (eBook)
https://doi.org/10.1007/978-3-658-41245-6

Die Deutsche Nationalbibliothek verzeichnet diese Publikation in der Deutschen Nationalbibliografie; detaillierte bibliografische Daten sind im Internet über https://portal.dnb.de abrufbar.

Planung/Lektorat: Petra Steinmueller
Springer Vieweg ist ein Imprint der eingetragenen Gesellschaft Springer Fachmedien Wiesbaden GmbH und ist ein Teil von Springer Nature.
Die Anschrift der Gesellschaft ist: Abraham-Lincoln-Str. 46, 65189 Wiesbaden, Germany

Das Papier dieses Produkts ist recyclebar.

Für Maximilian.
Lass uns Lummerland
bauen!

Vorwort

„Die Zeit ist reif für die Entwicklung von produktiven Anwendungen" – dieser Satz aus dem Vorwort von „Informatik im Fokus: Virtuelle Realität" [1] aus dem Jahr 2009 gilt heute in noch viel größerem Maße. Die Entwicklungen, die mit der Vorstellung der ersten Oculus Rift ihren Anfang nahmen, haben dazu geführt, dass VR den Weg aus Forschungs-Abteilungen und Hochschulen in unsere Wohnzimmer gefunden hat. Waren Studierende in einer Lehrveranstaltung zum Thema VR vor einigen Jahren noch neugierig darauf, VR erleben zu können, vergleichen sie heute die Labor-Hardware mit der Ausstattung zu Hause.

Die Software-Entwicklung für VR, darum geht es in diesem Buch, ist nach wie vor eine Herausforderung. Hier treffen sehr viele Teilgebiete der Informatik aufeinander. Unmöglich dies alles in ein einziges Buch aufzunehmen. Wo fängt man an, was kann man voraussetzen? Je nach Blickwinkel der Leserinnen und Leser fehlt garantiert etwas in diesem Buch. Es fiel nicht immer leicht, eine Entscheidung zu treffen, was jetzt wo und wie weggelassen werden soll. Ich hoffe, dass das Ergebnis trotzdem von Nutzen ist. Zu diesem Buch gibt es die Website mbrill.github.io/VRKompakt und das GitHub-Repository github.com/MBrill/VRKompakt mit Unity-Projekten, Lösungen und weiteren Informationen.

An dieser Stelle möchte ich mich bei allen bedanken, die zum Entstehen dieses Buchs beigetragen haben. Der Dank geht insbesondere an Frau Petra Steinmüller aus dem Springer-Verlag für die Idee, dieses Buch zu realisieren. Die Diskussionen über den Fokus und die Zielgruppe haben mir sehr geholfen, die notwendigen Entscheidungen zu treffen. Hervorragend und wie gewohnt professionell war die Zusammenarbeit mit allen Mitarbeitern des Springer-Verlags die zum vorliegenden Ergebnis beigetragen haben. Herzlichen Dank dafür an dieser Stelle!

Nicht zu vergessen meine Familie, bei der ich mich an dieser Stelle wieder einmal für das Verständnis bedanke, Wochenenden und Abende damit zu verbringen, ein Buch zu verfassen. Vielen Dank für die Geduld und die Unterstützung in dieser Zeit!

Saalstadt, Deutschland   Manfred Brill
im Mai 2023

Literatur

1. Brill, M.: Virtuelle Realität. Springer (2009)

Inhaltsverzeichnis

1   **Einleitung** 1
    1.1   Virtuelle Realität 1
    1.2   Software-Entwicklung für die virtuelle
          Realität.. 6
    1.3   Aufbau des Buches................................ 7
    1.4   Typografische Konventionen 9
    1.5   Lizenzen und Markenzeichen 10
    Literatur.. 11

2   **Interaktive Anwendungen** 13
    2.1   Ein Unity-Projekt 14
    2.2   Kollisionen und Berührungen 31
    2.3   Raycasting... 37
    2.4   Protokollierung.................................... 41
    2.5   World-in-Miniature und Unit-Tests 58
    Literatur.. 76

3   **Software-Entwicklung für die virtuelle Realität**...... 85
    3.1   VR-Systeme 86
    3.2   OpenXR 91
    3.3   Packages für die VR-Entwicklung 94
    3.4   Interaktive immersive Anwendungen 104
    3.5   Systemsteuerung 110
    3.6   Selektion und Manipulation 116
    3.7   Fortbewegung 129
    Literatur.. 168

A Lösungen 175

Stichwortverzeichnis 189

Einleitung

1

„If real is what you can feel, smell, taste and see, then 'real' is simply electrical signals interpreted by your brain. [...] Unfortunately, no one can be told what the Matrix is. You have to see it for yourself",

„Morpheus" in „The Matrix" [14].

Zusammenfassung

Wir beginnen dieses Buch mit dem Versuch, den Begriff Virtuelle Realität zu erklären und einzuordnen. Dazu bauen wir ein abstraktes Modell auf, das wir im weiteren Verlauf des Buchs konkretisieren werden. Für die Software-Entwicklung setzen wir Unity ein, das wir kurz vorstellen. Ein Überblick über die folgenden Kapitel, typografische Konventionen und Angaben zu Quellen schließen das Kapitel ab.

1.1 Virtuelle Realität

Wir beginnen dieses Buch mit der Aufgabe zu erklären, was hinter den Begriffen *Virtuelle Realität* oder *Virtual Reality* eigentlich steckt. Wir werden meist die Abkürzung *VR* dafür verwenden.

© Der/die Autor(en), exklusiv lizenziert an Springer Fachmedien Wiesbaden GmbH, ein Teil von Springer Nature 2023
M. Brill, *Virtual Reality kompakt*, IT kompakt,
https://doi.org/10.1007/978-3-658-41245-6_1

Eine Antwort auf diese Frage in Text und Bild ist eine Herausforderung. Am Sinnvollsten ist es, eine VR-Anwendung auszuführen und sich selbst eine Vorstellung davon zu machen.

Menschen nehmen die Realität mit Hilfe der Sinnesorgane war. Wir verzichten hier bewusst auf die philosophische Fragestellung, die sich sofort daraus ergibt und die ausgehend von Platons Höhlengleichnis die Frage diskutiert, was diese Realität jetzt wirklich ist. Im Folgenden verstehen wir unter *Realität* die physikalische Realität, in der sich die Anwender bewegen. Der Begriff „virtuell" stammt aus dem Französischen und kann mit „scheinbar" übersetzt werden. Wir sprechen von virtuellen Laufwerken – eine Datei-Ablage, die sich wie ein Speicher-Medium in unserem Rechner verhält, in Wirklichkeit aber nicht ist. Die Funktionalität ist identisch, wir nehmen das virtuelle Laufwerk wie eine physikalische Hardware wahr. Den Begriff Virtual Reality hat wahrscheinlich Jerome Lanier als Teilnehmer auf einer SIGGRAPH-Podiumsdiskussion zum ersten Mal verwendet [2].

Ersetzen wir die Sinnes-Reize, mit denen die physikalische Realität wahrgenommen wird, durch künstlich hergestellte Signale, sind wir in der Lage, eine andere, eine virtuelle, Realität zu vermitteln. Ob dieser Ansatz einer virtuellen Realität erfolgreich ist, hängt letztendlich von den Vorgängen im menschlichen Gehirn ab. Menschen sind bereit sich auf solche Illusionen einzulassen. Das machen sich schon Buch, Theater oder Film zu Nutze. Samuel Coleridge hat dies 1817 mit dem Begriff „willing suspension of disbelief", in Deutsch „willentliche Aussetzung der Ungläubigkeit", charakterisiert [16]. Menschen sind bereit die Vorgaben eines fiktionalen Werks vorübergehend zu akzeptieren, auch wenn diese eigentlich unmöglich erscheinen. Wir wissen, dass James Bond ein britischer Geheimagent ist und sicher Englisch spricht – das stört uns bei einem synchronisierten Film überhaupt nicht.

Die technische Realisierung solcher Systeme ist keine ganz neue Entwicklung des letzten Jahrzehnts, auch wenn uns das einige Hersteller von VR-Hardware glauben machen wollen. Der Informatik-Pionier Ivan Sutherland hat in *The Ultimate Display* [10] schon in den sechziger Jahren des letzten Jahrhunderts ein

solches System, das mit Hard- und Software eine virtuelle Realität
erzeugte, beschrieben und realisiert.

Akzeptieren die Benutzer eines VR-Systems die Stimuli als
real, bezeichnen wir dies mit dem Begriff *Immersion*, im Engli-
schen finden wir darüber hinaus die sehr treffende Beschreibung
„being there". Wir rufen ein Gefühl der *Präsenz* in der künstlich
erzeugten Umgebung hervor. Die Wahrnehmung alleine wird für
diese Präsenz nicht ausreichen. Wir müssen uns in der virtuellen
Welt orientieren und fortbewegen können. Und wir interagieren
mit Objekten in dieser virtuellen Umgebung. Dabei ist es möglich, dass die Objekte den uns bekannten Naturgesetzen folgen,
oder gänzlich anderes Verhalten an den Tag legen. Maßgeblich
ist immer, ob diese Interaktion die Immersion stört oder eher
unterstützt. Wir müssen dabei davon ausgehen, dass die Reaktion
auf Interaktionen in Echtzeit erfolgt. Gelingt dies nicht wird die
Immersion sehr schnell empfindlich gestört.

Inzwischen finden wir neben dem Begriff Virtual Reality die
Erweiterte Realität oder *Augmented Reality*, kurz *AR*. Hier hilft
das von Milgram und Kishino entwickelte „Realitäts-Virtualitäts-
Kontinuum" [9], das wir in Abb. 1.1 finden. Die physikalische
Realität und die virtuelle Realität stellen die beiden Antipo-
den dar. Die Übergänge zwischen den Realisierungen dieser
„Realitäten" sind stufenlos, dies soll der Begriff „Kontinuum"
ausdrücken. Wann sprechen wir von AR, wann von VR? Sind die
Ausgaben einer Anwendung nur zu einem kleineren Teil durch
den Computer erzeugt, können wir sie der erweiterten Realität
zuordnen. Neben dem Begriff der Mixed Reality wird ein weiterer
Oberbegriff verwendet. Mit *Extended Reality* oder *Cross Reality*,
abgekürzt *XR*, werden alle Technologien wie MR, AR oder VR
zusammengefasst. Wie schon der Titel dieses Buchs nahelegt,

Physikalische   Erweiterte   Erweiterte   Virtuelle
Realität   Realität   Virtualität   Realität

Abb. 1.1 Mixed Reality, das Realitäts-Virtualitäts-Kontinuum nach Milgram und Kishino

werden wir uns mit der Entwicklung von VR-Anwendungen auseinandersetzen.

Für die Realisierung einer VR-Anwendung setzen wir ein VR-System aus Hard- und Software ein. In Abb. 1.2 ist eine Darstellung eines solchen Systems zu sehen. Die Ultima Ratio eines VR-Systems ist selbstverständlich der vollständige Ersatz aller Sinnesreize durch synthetisch erzeugte Signale. Das wird technisch häufig nicht möglich sein. Darüber hinaus dürfte es auch zukünftig schwierig sein, Stimuli für den Geschmack oder die menschliche Schmerzempfindung umzusetzen. Es darf mit Recht bezweifelt werden, dass solche technischen Möglichkeiten von großem Nutzen wären.

Die Bedienung eines VR-Systems, das wir für die Ausführung einer Anwendung aus dem Mixed Reality-Kontinuum einsetzen, unterscheidet sich stark von der Art und Weise wie wir mit einer Desktop-Anwendung oder einer App auf einem mobilen Endgerät umgehen. Eingaben auf Grund von Interaktionen mit virtuellen

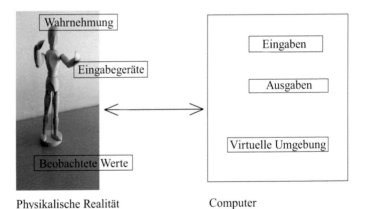

Physikalische Realität   Computer

Abb. 1.2 Die Anwender bewegen sich in der physikalischen Realität, nehmen die virtuelle Umgebung wahr und interagieren mit ihr. Auf einem oder mehreren Computern existiert eine Beschreibung der virtuellen Welt, die von den Nutzern bewusst und unbewusst erzeugten Daten werden verarbeitet und die Daten für die Wahrnehmung der virtuellen Realität werden erzeugt

Gegenständen werden an die Computer im VR-System gesendet und verarbeitet. Neben bewusst von den Anwendern ausgelösten Ereignissen werden unbewusst erzeugte Daten erfasst und übertragen. Wir sprechen von *beobachteten Werten*. Die Änderung der Blickrichtung, eine Handbewegung oder die Fortbewegung in der physikalischen Realität wird mit Hilfe von Sensoren erfasst und an die Anwendung auf dem Computer übertragen. Die Verfolgung von Positionen und Orientierungen wird bei VR-Systemen als *Tracking* bezeichnet. Die Anwendung verwendet die im Computer vorhandene Beschreibung der virtuellen Welt und reagiert auf die eingehenden Daten, um die von den Anwendern wahrgenommene virtuelle Umgebung in Echtzeit anzupassen. Die virtuelle Welt kann im Maßstab 1 : 1 gestaltet sein. Ein VR-System macht es aber auch möglich, uns wie Gulliver nach Liliput oder Brobdingnag zu begeben. Wir können die Gesetze der Physik übernehmen, oder eigene Gesetzmäßigkeiten realisieren. Die Gestaltung der virtuellen Welt, die unbewusst entstehenden Eingaben und die Reaktion darauf sind Schlüssel-Elemente für die Immersion und Präsenz. Sie machen den Reiz der virtuellen Realität aus.

Dass die menschliche Wahrnehmung zu einer See- oder allgemein Reise-Krankheit führen kann, ist schon lange bekannt. Man weiß, dass die Wahrnehmung von niederfrequenten Vibrationen ein Grund für das Auftreten dieser Syndrome sein kann. Schon früh wurde beim Einsatz von Flugsimulatoren berichtet, dass die Anwender über Unwohlsein klagten. Dies wird als *Simulatorkrankheit* bezeichnet. Das sollten wir bei der Gestaltung und Realisierung einer VR-Anwendung immer berücksichtigen, denn auch bei der Nutzung von VR-Anwendungen werden solche Symptome beobachtet. Dafür finden wir den Begriff *Cybersickness*. Die Ursachen für das Auftreten dieses Syndroms sind noch nicht ganz verstanden. Menschen nehmen Bewegungen und Beschleunigung mit Hilfe des Vestibularsystems wahr. Bewegen sich die Anwender eines VR-Systems überhaupt nicht, nehmen aber visuell eine schnelle oder abrupte Bewegung wahr kann dieser Widerspruch zu Cybersickness führen. Eine gute Darstellung dieses Aspekts von VR-Anwendungen finden wir in [3].

1.2   Software-Entwicklung für die virtuelle Realität

Wie in vielen anderen Bereichen der Informatik, stellt sich auch bei der Realisierung von VR-Anwendungen sofort die Frage, wie wir die Software dafür effizient und wirtschaftlich realisieren können. Natürlich können wir solche Anwendungen nativ implementieren. Damit ist gemeint, dass wir die für die jeweilige Plattform am besten geeignete Programmiersprache, das passende Grafik- und Audio-API und andere Schnittstellen einsetzen. Wir stehen vor dem Grundproblem der Software-Entwicklung. Wie können wir einen möglichst hohen Grad an Wiederverwendung von Software-Komponenten erreichen? Wie stellen wir sicher, dass unsere Version für Plattform X die Ressourcen dort genauso optimal ausnutzt wie auf Plattform Y? Von den Problemen, für jede dieser Umgebungen exzellente Software-Entwickler zu finden gar nicht zu reden.

Als Lösung haben sich inzwischen Entwicklungsumgebungen etabliert, die nach dem Prinzip „Code once – run everywhere" arbeiten. Wir verwenden Programmiersprachen wie Java, C++ oder C# und erstellen damit eine Anwendung für viele verschiedene Plattformen. Als Grafik-API werden Vulkan/OpenGL oder Direct3D eingesetzt. Die Anpassung an die Laufzeit-Umgebung wird für uns von der Entwicklungsumgebung durchgeführt. Die beiden wichtigsten Vertreter dieser Philosophie im Bereich der Spiele- und VR-Software sind zur Zeit Unreal [4] und Unity [13]. Beide Lösungen haben Vor- und Nachteile, die an dieser Stelle nicht diskutiert werden sollen. Am Sinnvollsten wäre es dieses Buch so zu schreiben, dass wir beide Systeme im Einsatz zeigen. Der zur Verfügung stehende Platz spricht allerdings gegen diesen sehr naheliegenden Ansatz. Für diese Monographie fiel die Entscheidung auf Unity. Die Entscheidung fiel nicht leicht. Man kann sehr lange und intensiv über Pro und Contra der beiden Angebote diskutieren. Wichtig ist der Hinweis, dass wir alles was wir in diesem Buch betrachten in Unreal genauso gut umsetzen können.

Dieses Buch ist keine Einführung in Unity, Grundkenntnisse werden vorausgesetzt. Wir konzentrieren uns darauf die für die Entwicklung von Virtual Reality-Anwendungen wichtigen Konzepte zu behandeln. Für den Einstieg in die Anwendungsentwicklung mit Unity gibt es bei Bedarf eine große Menge von Monographien und Online-Ressourcen. Von Unity selbst gibt es die Plattform Unity Learn [12]. Das Buch setzt Kenntnisse in objekt-orientierter Software-Entwicklung mit C# [5] voraus . Für Leser, die mit Java vertraut sind, gibt es von Microsoft das Cheat-Sheet [7], für den Übergang von C++ zu C# finden wir einen guten Überblick in [6]. Für Unity gibt es regelmäßige Updates und Beta-Versionen. Alle Beispiele im Buch und auf der Website zum Buch wurden mit 2021.3.29f1 LTS realisiert.

1.3   Aufbau des Buches

In Kap. 2 beginnen wir mit der Entwicklung von interaktiven Anwendungen mit Unity. Wir bauen ein Projekt auf, das wir mit Variationen im Buch einsetzen werden. Damit wir uns auf die behandelten Themen konzentrieren können verzichten wir darauf, die Szenen in den Projekten mit Assets zu überladen, die das Nachvollziehen der vorgestellten Themen nur unnötig erschweren würden.

Wir setzen uns damit auseinander, wie wir in Unity Interaktionen realisieren. Anschließend betrachten wir das Erstellen von Protokollen, mit der Klasse Debug, aber auch mit Frameworks, die im Umfeld von C# eingesetzt werden. Protokollierung hilft nicht nur während der Software-Entwicklung, sondern auch bei der Evaluation einer VR-Anwendung oder der Fehlersuche. Wir verbinden dieses Thema mit der Darstellung von Kollisionen und Raycasting in Unity. Testen ist ein unverzichtbarer Teil der professionellen Software-Entwicklung. Wir betrachten das Unity Test Framework und zeigen den Einsatz der Tests bei der Realisierung der World-in-Miniature Technik.

In Kap. 3 kommen wir zum Hauptthema dieses Buchs, der
Entwicklung von VR-Anwendungen. Bevor wir zur Software-
Entwicklung kommen, betrachten wir einige Grundlagen, die
wir in den konkreten Software-Lösungen wiederfinden. Seit ei-
niger Zeit wird der Versuch unternommen, mit OpenXR eine
neutrale Programmierschnittstelle für die Realisierung von XR-
Anwendungen zu definieren. Auch Unity unterstützt diese Initiative. Aus der Menge der Packages die für die VR-Entwicklung
eingesetzt werden können, haben Unity XR und VIVE Input Utility den Weg in diesem Buch gefunden. Das Vorgehen für die
Verwendung von anderen Packages wie zum Beispiel MiddleVR
[8] ist sehr ähnlich. Es sollte keine großen Probleme bereiten die
vorgestellten Vorgehensweisen zu übertragen. Ein Schwerpunkt
des Kapitels ist die Realisierung von immersiven Benutzungsoberflächen für die Systemsteuerung, die Auswahl, die Manipulation von Objekten und der Fortbewegung in einer virtuellen
Umgebung.

Wer VR-Anwendungen realisieren möchte, hat mit relativ
großer Wahrscheinlichkeit Zugriff auf entsprechende Hardware.
Dass VR-Hardware vorhanden ist, wird in diesem Buch jedoch
nicht vorausgesetzt. Die vorgestellten Lösungen bieten die Mög-
lichkeit eines Simulators. Die Fehlersuche im Quelltext ist eine
Herausforderung, wenn wir ein Head-Mounted Display tragen.
Solche Simulatoren bieten also nicht nur die Möglichkeit, dieses
Buch ohne Hardware zu nutzen – sie stellen eine wichtige
Komponente in der Software-Entwicklung von immersiven An-
wendungen dar. Ein Simulator macht die Anwendungsentwick-
lung unabhängig von den Grenzen und Eigenschaften spezieller
Hardware.

Natürlich reicht es nicht ein Buch zu lesen, wir müssen die
Theorie und die Praxis selbst nachvollziehen. Dazu finden wir
Abschnitte mit der Überschrift „Do it yourself". Lösungshinweise
dazu finden wir im Anhang. Die Website zum Buch [1] enthält die
Unity-Projekte zu den Lösungen und weitere Beispiele in Form
von GitHub Pages und einem Repository. Auf den Seiten zum
Buch finden wir Tipps, Links, Texte und die unvermeidlichen
Errata.

1.4   Typografische Konventionen

Um die Lesbarkeit dieses Buchs zu erhöhen, werden einige typo-
graphische Konventionen eingeführt. Menu-Befehle oder Ausgaben auf der Konsole werden in `Schreibmaschinenschrift`
dargestellt. Damit soll es erleichtert werden, diese Text-
Teile und die dazu gehörigen Beschreibung im Text unterscheiden zu können. Adressen im WWW, Dateien und
Verzeichnisse, aber auch Tastatureingaben werden ebenfalls in
`Schreibmaschinenschrift` dargestellt. Bei allgemeinen
Angaben zu Verzeichnissen verwenden wir eine Schreibweise
wie auf UNIX-Systemen: `Assets/Scenes`. Pfade auf einem
Windows-Rechner geben wir mit der entsprechenden Syntax an:
`C:\local\logs`.
   Quelltexte, meist in der Sprache C#, werden häufig nur in
Ausschnitten im Text aufgenommen:

Beispiel für einen Quelltext

```
public HandRole MainHand = HandRole.RightHand;
public ControllerButton TheButton = Controller
   Button.Trigger;
```
◀

Variablen, Klassen oder andere Bestandteile einer Implementierung werden im Text ebenfalls mit diesem Font dargestellt:
`MonoBehaviour`.
   Vektoren in mathematischen Formeln werden als fettgedruck-
te Kleinbuchstaben geschrieben: das Symbol $\mathbf{v}$ steht für einen
Vektor. Punkte in einem Koordinatensystem schreiben wir als
Großbuchstaben: P. Ein Vektor, der im Punkt P beginnt und
im Punkt Q endet schreiben wir als $\mathbf{PQ}$, $d(P, Q)$ steht für den
euklidischen Abstand der Punkte. Die euklidische Länge eines
Vektors schreiben wir als $||\mathbf{x}||$.

1.5   Lizenzen und Markenzeichen

Um die Realisierung mit Hilfe von Unity darzustellen finden wir
Ausschnitte des Unity Editors wie in Abb. 1.3 links. Räumliche
Ansichten der Unity-Szenen wie in Abb. 1.3 rechts wurden mit
Hilfe der Vorschau in Unity realisiert und abgespeichert. Diese
Abbildungen wurden alle vom Autor erstellt.

Die Darstellungen in diesem Buch halten sich an die von Unity
publizierten Richtlinien: *These materials are not sponsored by or
affiliated with Unity Technologies or its affiliates. „Unity" is a
trademark or registered trademark of Unity Technologies or its
affiliates in the U.S. and elsewhere* [11].

Das Package VIVE Input Utility [15] wird mit freundlicher
Genehmigung von HTC verwendet: *Vive Input Utility (VIU) is
copyright 2016-2023, HTC Corporation. All rights reserved.*

In den Unity-Projekten wird eine Textur auf der Basis der
Bitmap eingesetzt, die in Abb. 1.4 zu sehen ist. Diese Bitmap zeigt
das Audimax am Campus Zweibrücken der Hochschule Kaiserslautern. Wir verwenden diese Textur in den Unity-Projekten und
den dazugehörigen Abbildungen mit freundlicher Genehmigung
der Hochschule Kaiserslautern.

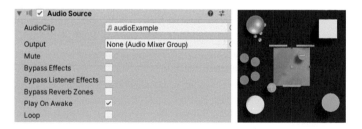

Abb. 1.3 Links: Ausschnitt des User Interface des Unity Editors. Rechts:
Beispiel der Darstellung einer Unity-Szene. Alle Abbildungen wurden vom
Autor erstellt

Abb. 1.4 Die Textur `HSKL-Conference-Backdrop_15.png`, Mit freundlicher Genehmigung der Hochschule Kaiserslautern

Literatur

1. Brill, M.: Website zu Virtual Reality Kompakt. https://mbrill.github.io/ VRKompakt/index.html. Zugegriffen am 28.04.2023
2. Conn, C., Lanier, J., Minsky, M., Fisher, S., Druin, A.: Virtual environments and interactivity: Windows to the future. SIGGRAPH Comput. Graph. **23**(5), 7–18 (1989). https://doi.org/10.1145/77277.77278
3. Dörner, R., Broll, W., Grimm, P., Jung, B.: Virtual und Augmented Reality (AR/VR), 2. Aful. Springer Vieweg, Wiesbaden (2019)
4. Epic Games: Unreal engine — the world's most open and advanced real-time 3D creation tool. https://www.unrealengine.com/en-US. Zugegriffen am 22.08.2022
5. Microsoft Corporation: A Tour of the C# Language. https://learn. microsoft.com/en-us/dotnet/csharp/tour-of-csharp/. Zugegriffen am 26.02.2023
6. Microsoft Corporation: C++ → C#: What You Need to Know to Move from C++ to C#. https://learn.microsoft.com/en-us/archive/msdn-magazine/2001/july/c-csharp-what-you-need-to-know-to-move-from-c-to-csharp(2001). Zugegriffen am 26.02.2023

7. Microsoft Corporation: Csharp for Java Developers—Cheat Sheet (2011). https://download.microsoft.com/download/D/E/E/DEE91FC0-7AA9-4F 6E-9FFA-8658AA0FA080/CSharpfor   Java   Developers   —   Cheat Sheet.pdf. Zugegriffen am 26.02.2023

8. MiddleVR: Virtual reality for professionals. http://www.middlevr.com/ home/. Zugegriffen am 03.07.2022

9. Milgram, P., Kishino, F.: A taxonomy of mixed reality visual displays. IEICE Trans. Inf. Syst. **E77-D**(12), 1321–1329 (1994)

10. Sutherland, I.E.: The ultimate display. In: Proceedings of the IFIP Congress, New York, Bd. 2, S. 506–508 (1965)

11. Unity: Guidelines for using unity trademarks. https://unity.com/legal/ branding-trademarks. Zugegriffen am 04.05.2023

12. Unity: Unity learn. https://learn.unity.com/. Zugegriffen am 22.04.2023

13. Unity Technologies: Unity—the world's leading platform for real-time content creation. https://unity.com/. https://unity.com/download/. Zugegriffen am 22.08.2022

14. Wachowsky, L., Wachowsky, L.: Matrix

15. Wong, L.: VIVE Input Utility for Unity. https://github.com/ViveSoftware/ ViveInputUtility-Unity. Zugegriffen am 02.05.2023

16. Wulff, H.J.: Lexikon der Filmbegriffe: Suspension of Disbelief. https:// filmlexikon.uni-kiel.de/doku.php/s:suspensionofdisbelief-4370.   Zugegriffen am 04.01.2023

Interaktive Anwendungen

2

Don't think of that thing as a screen, think of it as a window, a window through which one looks into a virtual world. The challenge to computer graphics is to make that virtual world look real, sound real, move and respond to interaction in real time, and even feel real. Ivan Sutherland,

„The Ultimate Display" [78].

Zusammenfassung

Wir machen uns mit Unity vertraut und implementieren C#-Komponenten. Als Vorbereitung auf die Realisierung von Interaktionen in einer VR-Anwendung führen wir das Package Input System ein. Die Themen Kollisionen und Raycasting spielen in VR-Anwendungen eine große Rolle. Nicht nur für die Fehlersuche, sondern auch bei Evaluationen von VR-Anwendungen, werden wir in Dateien und in der Unity-Konsole protokollieren. Wir verwenden dazu die in Unity verfügbaren Lösungen und das C#-Framework log4net. Wir schließen das Kapitel mit dem Thema Unit-Testing ab und verbinden dies mit der Implementierung der World-in-Miniature Technik.

© Der/die Autor(en), exklusiv lizenziert an Springer Fachmedien
Wiesbaden GmbH, ein Teil von Springer Nature 2023
M. Brill, *Virtual Reality kompakt*, IT kompakt,
https://doi.org/10.1007/978-3-658-41245-6_2

2.1   Ein Unity-Projekt

Wir erstellen in diesem Abschnitt ein Unity-Projekt mit einer
Szene, die bewusst einfach gehalten ist. Sie enthält keine extern
erstellten Objekte, die Materialien und die Geometrien beschränken sich auf die Möglichkeiten, die wir in Unity vorfinden. Die
Szene und alle dafür notwendigen Assets finden wir im Projekt
BasisSzene. Wir finden dieses Projekt, wie auch alle noch
folgenden, auf der Website [12] zu diesem Buch.

Bevor wir die Szene näher untersuchen, soll an dieser
Stelle darauf hingewiesen werden, dass Unity ein linkshändiges
Weltkoordinatensystem verwendet. Dabei zeigt, wie immer in
der Computergrafik, die y-Achse nach oben. Die Vorderansicht
in Unity enthält die x-Achse und die y-Achse. Die z-Achse
zeigt „in den Bildschirm hinein". Wie in allen 3D-Anwendungen
wird im Unity-Editor die x-Achse rot, die y-Achse grün und die
z-Achse blau markiert. In der Klasse Vector3 im Unity-API
finden wir die Einheitsvektoren für die Koordinatenachsen als
Vector3.right, Vector3.up und Vector3.forward.
Für die negativen Achsen gibt es analog Vector3.left,
Vector3.down und Vector3.back. Wir werden häufig
Objekte in der Szene um eine Achse drehen. Dabei müssen wir
uns klar machen, dass in einem linkshändigen Koordinatensystem
eine positive Drehrichtung um eine Achse *im Uhrzeigersinn*
verläuft!

In Abb. 2.1 finden wir eine Draufsicht der Szene. Wir sehen
einen „Boden", eine Plane, in der Ebene $y = 0$. Der Boden hat
die Maße 6 Meter × 6 Meter. Es gibt einen „Kernbereich", der in
der Draufsicht mit einem hellen Grau zu sehen ist. Dieses Objekt
vom Typ Plane hat die Maße 2 Meter × 2 Meter. Der Ursprung
unseres Weltkoordinatensystems befindet sich exakt im Zentrum
des Bodens.

Die Szene enthält Wände, die jeweils eine Höhe von 4 Metern
besitzen. Die Wand im positiven z-Bereich ist texturiert. In der
Szene finden wir eine Reihe von Würfeln, Quadern, Kugeln und
Zylindern vor. Die Kugeln und Zylinder sind in einer Hierar-
chie zusammengefasst. Das macht es möglich diese Objekte bei
Bedarf schnell ein- und auszublenden. Der große Würfel im

Abb. 2.1 Die
Basis-Szene in einer
Draufsicht

positiven x- und z-Bereich trägt den Namen Würfel. Seine
Maße sind 1 Meter × 1 Meter × 1 Meter. Mit Hilfe dieses
„Einheits-Objekts" können wir Größenordnungen in der Szene
gut einschätzen.

___
ISO-Einheiten
___

In einer VR-Anwendung verwenden wir *immer* ISO-
Einheiten. Hat ein Objekt die Skalierung von $1 \times 1 \times 1$ im
Unity Editor, dann hat er die Maße von 1 Meter in jede der
drei Koordinaten-Richtungen.

Das mag banal erscheinen. Aber im Gegensatz zu Anwendungen, die auf einem mobilen Gerät oder einem Monitor
ablaufen sind die Einheiten in einer VR-Anwendung essentiell.
Falls wir Objekte in eine Szene eines VR-Projekts importieren
und diese nicht sehen, dann liegt dies fast immer daran,
dass die Maße bei der Modellierung der Objekte nicht die
ISO-Einheiten berücksichtigen. Ein Mensch ist knapp unter
2 Metern groß und nicht 2 Millimeter oder 2 Kilometer. ◄

Die Bezeichnungen der Objekte beziehen sich auf Bereiche
wie „links" oder „vorne". Links bezieht sich auf den negativen Bereich der x-Achse, vorne auf den positiven Bereich der
z-Achse. So wie dies bereits in den Namen der Einheitsvektoren in der Klasse Vector3 gekennzeichnet ist. Der Zylinder

`ZylinderKernLinksHinten` liegt am Rand des Kerns und
besitzt negative x- und z-Koordinaten. Auf diesem Zylinder
finden wir ein einfaches Modell eines Flugzeugs. Dieses polygonale Netz ist mit einer C#-Klasse `SimpleAirPlane` und dem
Unity-API für polygonale Netze erzeugt worden.

Die von uns angelegte Szene `BasisSzene` hat keine In-
teraktion, wir stoppen die Ausführung im Editor mit Hilfe des
Play-Buttons. Erstellen wir ein externes Build beenden wir die
Ausführung durch das Schließen des Fensters oder mit anderen
Mitteln des Betriebssystems. Interaktivität fügen wir der Anwen-
dung mit Hilfe von C#-Klassen hinzu, die wir implementieren
und anschließend einem oder mehreren Objekten in der Szene als
Komponente hinzufügen. Wir leiten diese C#-Klassen von der in
Unity enthaltenen Klasse `MonoBehaviour` ab.

Scriptable Objects

Eine weitere Möglichkeit eigenen C#-Code in eine Anwendung zu integrieren sind *Scriptable Objects*. Damit können
wir Klassen implementieren, die wir keinem Objekt zuordnen
müssen. Ein typischer Einsatz solcher Klassen ist das Speichern von Daten [88]. ◄

Eine in C# und von `MonoBehaviour` abgeleitete Klasse enthält keine Konstruktoren. Die Basis-Klasse, von der wir ableiten,
sieht eine Reihe von *Event-Funktionen* vor, die wir überschrei-
ben. Diese Funktionen können wir nutzen, um Komponenten zu
initialisieren oder abhängig von der Frame-Rate zu verändern:

Awake   Die Funktion `Awake` wird vor allen `Start`-
Funktionen aufgerufen. Diese Funktion wird auch gerufen
wenn ein neues `PreFab` instanziiert wird.

OnEnable   Diese Funktion wird aufgerufen, wenn ein Game-
Object, das die Klasse als Komponente besitzt, aktiviert wird.
Dann wird eine Instanz der abgeleiteten Klasse erzeugt.

Start   Die Funktion `Start` wird vor dem Update des ersten
Frames aufgerufen, in dem das Objekt, das diese Komponente
besitzt, enthalten ist. Für alle Objekte in der Szene wird diese
Funktion definitiv vor `Update` aufgerufen.

`Update`, `FixedUpdate` und `LastUpdate`   Die   Event-
Funktion `Update` ist sicher die am Häufigsten gerufene
Funktion. Die Funktion wird einmal pro Frame aufgerufen,
der Aufruf ist also von der Frame-Rate abhängig. Die
seit dem letzten Aufruf vergangene Zeit können wir mit
`Time.deltaTime` abfragen.

Für Aktionen, die unabhängig von der Frame-Rate durchgeführt werden sollen gibt es `FixedUpdate`. Diese Funktion
hat einen eigenen Timer und wird in äquidistanten Zeitinterval-
len ausgeführt. Insbesondere können wir hier Berechnungen
für die Physik in einer Anwendung durchführen. Anwei-
sungen direkt vor der Ausgabe der Frames führen wir in
`LastUpdate` durch.

`Destroy`   Die Funktion `Destroy` wird ausgeführt, wenn alle
Frames, in denen die Instanz des Objekts existiert, dargestellt
worden sind. Insbesondere wird diese Funktion während des
Schließens einer Szene aufgerufen.

`OnDisable`   Die Funktion `OnDisable` wird aufgerufen,
wenn das Objekt, das die Klasse als Komponente enthält,
deaktiviert wird. In dieser Funktion können wir ähnlich wie
in einem Destruktor Elemente deaktivieren, Speicherplatz
freigeben und andere vergleichbare Aktionen durchführen.

`OnApplicationQuit`   Die   Funktion   `OnApplication`
`Quit` wird aufgerufen, wenn die Anwendung beendet wird.

Als erstes Beispiel für eine eigene Komponente implementieren
wir die Klasse `FollowTheTarget`. Mit Hilfe dieser Klasse
soll ein Objekt in der Szene zu einem Verfolger eines weiteren
Objekts werden. Diese Klasse, von `MonoBehaviour` abgeleitet,
können wir jedem Objekt in der Szene als neue Komponente
hinzufügen. Wir könnten in der `Start`-Funktion dieser neuen
Klasse nach einem Objekt in der Szene suchen, das wir verfolgen
möchten. Sinnvoller ist es, das verfolgte Objekt im Inspektor zu definieren. Dazu sehen wir die öffentliche Eigenschaft
`PlayerTransform` vor. Das Verfolgen kann während der
Ausführung zu Irritationen führen. Deshalb realisieren wir eine
Möglichkeit die Verfolgung aussetzen zu können. Dazu sehen
wir die logische Variable `IsFollowing` vor. Wir machen die

Abb. 2.2 Die C#-Klasse `FollowTheTarget` als Komponente eines Objekts in der Basis-Szene. Als verfolgtes Objekt wird das Objekt `Kapsel` verwendet

Variable `public`. So finden wir diese Einstellung im Inspektor wie in Abb. 2.2. Wir sehen einen Wert für `IsFollowing` vor, der im Inspektor übernommen wird:

Die Klasse FollowTheTarget für ein Verfolger-Objekt

```
public class FollowTheTarget : MonoBehaviour
{
    public Transform PlayerTransform;
    public bool IsFollowing = false;
}
```

◄

Wie realisieren wir die Verfolgung? Das Ziel ist eine Instanz der Klasse `Transform`. Diese Klasse repräsentiert die Einstellungen, die wir bei jedem Objekt der Szene im Inspektor vorfinden. Mit `PlayerTransform` erhalten wir die Position und Orientierung des verfolgten Objekts. In der Klasse `Vector3` aus Unity gibt es die Funktion `Vector3.MoveTowards`, der wir ein Ziel übergeben. Damit verändern wir die Position des Verfolgers. Der Verfolger soll sich in Richtung des verfolgten Objekts ausrichten. Diese Orientierung stellen wir mit `Transform.LookAt` ein.

Für die interaktive Manipulation der Variable `IsFollowing` benötigen wir Eingaben für unsere Anwendung. Unity unterstützt eine große Anzahl von Plattformen, so dass die mögliche Eingabe-Hardware deutlich über Tastatur und Maus hinausgeht. Deshalb macht es Sinn diese Geräte zu abstrahieren. Dabei folgen wir Russell Taylor et al. [80], die das System *Virtual Reality Peripheral Network*, kurz VRPN, realisiert haben.

Mit die einfachsten Eingaben bestehen darin, eine Taste oder einen Button zu betätigen oder zu halten. Diese *digitalen Daten* codieren wir mit 0/1 oder mit Wahrheitswerten. Daneben gibt es *analoge Daten*. Damit sind Positionen auf einem Touchpad oder andere zweidimensionale Koordinaten gemeint. Denkbar sind auch Dreh- oder Schieberegler. Allen solchen Werten ist gemein, dass wir einen Wertebereich vorliegen haben und die Daten als Gleitkomma-Zahlen erhalten. In Abb. 2.3 finden wir diese beide Kategorien.

In einer VR-Anwendung werden wir eine weitere Klasse von Eingabe-Daten verarbeiten. Mit Hilfe von Sensor-Daten werden Positionen und Orientierungen durch Tracking bestimmt. Bei VR-PN wird diese Kategorie von Geräten als `Tracker` bezeichnet. Halten wir ein Objekt wie einen Joystick in der Hand und wird dieses Gerät mit Tracking erfasst können wir in der Anwendung eine Bewegung eines Objekts oder der Kamera ausführen.

Im GitHub-Repository [79] von VRPN finden wir eine Auflistung der aktuell unterstützen Hardware. Die einfach erscheinende Taxonomie in Abb. 2.3 ist in der Lage alle Eingaben zu repräsentieren und zu übertragen. Wir schaffen eine *Middleware* wie in Abb. 2.4 angedeutet, die uns von Hardware-Treibern und anderen Details entlastet. Damit entsteht eine lose Kopplung zwischen Hardware und VR-Anwendung, was die Software-Entwicklung deutlich erleichtert und insbesondere die Wiederverwendbarkeit von Software-Komponenten erhöht.

Die Middleware definiert ein Protokoll, mit dem eine VR-Anwendung die Daten der Sensoren und anderer Hardware abfragt. Die Treiber und konkrete Realisierung der Kommunikation zwischen der Hardware und der Middleware können vollkom-

Abb. 2.3 Die in VRPN beschriebene Taxonomie von Eingabedaten und Hardware

 Digital

Analog

 Tracker

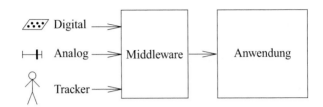

Abb. 2.4 Middleware für eine lose Kopplung zwischen Hardware und der Anwendung

men unabhängig entwickelt werden. Die Abb. 2.4 lässt bewusst offen, wo diese Middleware abläuft. Es ist möglich ein Client-Server Netzwerk aufzubauen und in der Anwendung Daten von Hardware zu verwenden, die an einen anderen Host im Netzwerk angeschlossen sind. Die Signalverarbeitung, insbesondere das Handling von verschiedenen Abtastraten oder Koordinatensystemen wird komplett in der Middleware durchgeführt.

Wir finden diese Abstraktion im Unity-Package Input System wieder. Dieses Package wird häufig als „New Input System" bezeichnet, da es daneben schon lange die Klasse Input gibt. Mit beiden Lösungen sind wir in der Lage mit Eingaben zu arbeiten, die durch konkrete Buttons oder anderer Hardware außerhalb der Anwendung erzeugt werden. Bevor wir die erste Klasse für eine Interaktion realisieren, fügen wir das Input System mit Hilfe des *Package Managers* unserem Projekt hinzu. Wir können mit Edit → Project Settings überprüfen, ob das Input System Package korrekt installiert wurde. In diesem Fall finden wir einen Eintrag Input System Package. Direkt darüber finden wir die Einstellungen für die „alte" Lösung als Input Manager. Auf der Seite Player Settings können wir unter Other Settings → Configuration beim Eintrag Active Input Handling entscheiden, ob wir beide Alternativen für die Eingaben oder nur eine davon nutzen. Verwenden wir externe Packages, ist diese Option häufig von großem Nutzen, da viele Packages nach wie vor die Klasse Input einsetzen.

Wir implementieren als Beispiel für eine Eingabe eine C#-Klasse, die als einzige Funktionalität die Möglichkeit bietet die

Anwendung mit Hilfe der ESC-Taste zu beenden. Wir nennen
diese Klasse QuitApplication und erzeugen im Editor mit
Create → C# Script eine neue C#-Datei. In Update überprüfen wir, ob es eine Eingabe auf der Tastatur gab. Dazu verwenden wir die Klasse Keyboard. Die aktuell verbundene Tastatur
fragen wir mit Keyboard.current ab. Haben wir eine Eingabe erhalten, rufen wir die Funktion Application.Quit auf:

QuitApplication auf der Basis des Input System

```
using UnityEngine.InputSystem;
public class QuitApplication : MonoBehaviour
{
  private void Update()
  {
      if (Keyboard.current.escapeKey.wasPressed
        ThisFrame)
        Application.Quit();
  }
}
```
◄

QuitApplication in die Anwendung aufnehmen

• Damit die Funktionalität zur Verfügung steht, fügen wir die
  Komponente einem Objekt in der Szene hinzu!
• Damit die Funktionalität auch im Editor verfügbar ist,
  müssen wir eine andere Lösung finden, denn die Funk-
  tion Application.Quit wird hier nicht aufgerufen.
  Mit Hilfe der Präprozessor-Direktive UNITY_EDITOR fra-
  gen wir ab, ob die Funktion im Editor ausgeführt wird.
  Ist dies der Falls setzen wir UnityEditor.Editor
  Application.isPlaying auf false. ◄

Für das Input System gibt es neben der Klasse Keyboard, die
wir gerade eingesetzt haben, Klassen wie Mouse oder GamePad.
Aber damit sind wir von einer Abstraktion sehr weit entfernt. Das
Input System enthält sogenannte *Actions*. Das sind Events, die auf
verschiedene Weise Veränderungen in unserer Szene hervorrufen.
Die Actions enthalten keine Information darüber mit welchem

physikalischen Gerät das Ereignis ausgelöst wird. Wir können
mehrere Actions zu einer *Action Map* zusammenfassen. Das hat
den Vorteil, dass wir eine komplette Action Map und damit alle
darin enthaltenen Actions aktivieren oder deaktivieren können.
Wir können Action Maps hierarchisch zu *Control Schemes* zuordnen. In diesen Control Schemes definieren wir Kombinationen
von Hardware-Geräten wie Tastatur, Maus oder Gamepads und
legen fest, ob diese Hardware für unsere Anwendung unbedingt
erforderlich oder optional ist. Wir können die Action Maps verschiedenen Control Schemes zuordnen und so schnell zwischen
verschiedenen Setups wechseln. Die Abbildung zwischen einer
Action und der Hardware stellen wir durch *Bindings* her. Ein
Binding ist ein physikalisches Objekt, spezifisch für ein Control
Scheme, das eine Action auslöst.

Wir kommen zu unserer Klasse `QuitApplication` zurück
und werden jetzt eine Action und ein Binding definieren. Für das
Anlegen von Actions gibt es eine Reihe von Möglichkeiten. Als
erste Möglichkeit betten wir die Action in die von uns bereits
implementierte C#-Klasse ein:

Action in der Klasse QuitApplication

```
using UnityEngine.InputSystem;
public class QuitApplication : MonoBehaviour
{
        public InputAction QuitAction;
}
```

◀

Damit erhalten wir einen Eintrag im Inspektor. Wir klicken auf
die Einstellung für die Action und können dort festlegen, dass
wir einen Button einsetzen und auf das `Press`-Event reagieren
möchten wie in Abb. 2.5 zu sehen. Ein Binding für diese Action
fügen wir mit Hilfe von + hinzu. Mit einem Doppelklick auf
`<No Binding>` erhalten wir ein Fenster wie in Abb. 2.6, in
dem wir die Definition durchführen können. Wir verwenden
das Pulldown neben `Path` und wählen die Hardware aus. Wir
entscheiden uns für `Keyboard` und wählen die `ESC`-Taste aus.

Abb. 2.5 Die in der Klasse `QuitApplication` aufgenommene Action im Inspektor

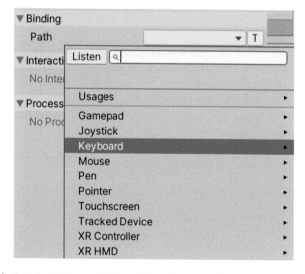

Abb. 2.6 Definition des Bindings für das Beenden der Anwendung

Jetzt müssen wir die Klasse `QuitApplication` so modifizieren, dass das Event korrekt behandelt wird. Actions die wir wie beschrieben in eine von `MonoBehaviour` abgeleitete Klasse aufnehmen müssen wir in der Klasse aktivieren. Eine Action hat mehrere Zustände, für die wir jeweils Callbacks registrieren können. Ist die Action ausgeführt worden ist der Zustand `performed`. Wir legen im folgenden Quelltext fest, dass wir in diesem Fall die Callback-Funktion `OnQuit` aufrufen.

Initialisierung und Einstellungen für QuitAction

```
private void Awake()
{
    QuitAction.performed += OnQuit;
}
private void OnEnable()
{
    QuitAction.Enable();
}
```
◀

In der Methode `OnDisable` führen wir analog die Deaktivierung durch. Jetzt bleibt uns noch die Aufgabe die Methode `OnQuit` zu implementieren. Wir übergeben dieser Funktion Informationen über das Event durch einen Parameter vom Typ `InputAction.CallbackContext` und führen das Beenden der Anwendung aus:

Implementierung der Methode OnQuit

```
private void OnQuit(InputAction.CallbackContext ctx)
{
    Application.Quit();
}
```
◀

Wir hatten bereits die Klasse `FollowTheTarget` implementiert. Es bietet sich sofort an, das verfolgte Objekt mit Hilfe von Eingaben zu steuern und so die Szene interessanter zu gestalten. Dazu implementieren wir eine Klasse `PlayerControl2D`. Wir verändern damit die x- und z-Koordinaten eines Objekts. Verwenden wir `Flugzeugmodell` als Verfolger bietet es sich an ein Objekt zu verfolgen, das die gleiche Höhe wie der Verfolger besitzt. In der Szene hat das Objekt `Kapsel` diese Eigenschaft. Wieder sehen wir eine öffentliche Instanz der Klasse `InputAction` in der Klasse vor. Statt `Button` verwenden wir nun den Typ `Value` für die Action. Es gibt die Möglichkeit zwei Werte zu manipulieren, die in C# als Instanz der in Unity verfügbaren Klasse `Vector2` verarbeitet werden. Dazu verwenden wir die Eigenschaften im Inspektor wie in Abb. 2.7.

Für jede der beiden Komponenten des zweidimensionalen Vektors können wir im Binding zwei Tasten festlegen. Eine der Tasten verringert, eine Taste vergrößert den Wert. Die beiden Einträge `Up` und `Down` steuern die erste Komponente der Eingabe, `Left` und `Right` die zweite Komponente. Wie schon für die `ESC`-Taste können wir das Binding für jede Taste mit einem Doppelklick öffnen und Tasten festlegen wie in Abb. 2.8. Dieses Layout erhalten wir mit Hilfe der angebotenen Option `add Up/Down/Left/Right composite`. Eine Composite Action besteht aus mehreren zusammengesetzten Optionen. Es

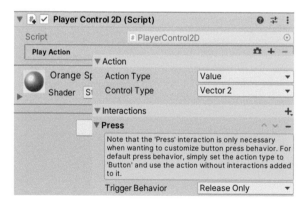

Abb. 2.7 Definition einer Action für die interaktive Steuerung eines Objekts. Als Action Type verwenden wir `Value`, als Control Type `Vector2`

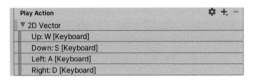

Abb. 2.8 Binding für die Action aus Abb. 2.7

bietet sich an eine WASD-Steuerung einzusetzen. Mit W und S manipulieren wir die z-Koordinate des gesteuerten Objekts. Die Tasten A und D sollen die x-Koordinate manipulieren.

Wir aktivieren die Action in Awake und legen fest, dass für performed der Callback OnMove ausgeführt werden soll. Im Gegensatz zu dem Callback OnQuit, in dem wir den übergebenen Kontext nicht verwendet haben, müssen wir jetzt den von der Composite Action erzeugten zweidimensionalen Vektor abfragen. Dazu gibt es die Funktion ReadValue<Vector2>. Wir verwenden diese Daten und definieren damit die neue Position. Mit der Funktion MoveTowards aus Vector3 setzen wir die neue Position:

Implementierung der Methode OnMove

```
private void OnMove(InputAction.CallbackContext ctx)
{
        var results = ctx.ReadValue<Vector2>();
        var trans = new Vector3(results.x, 0.0f,
            results.y);
        var newPos = transform.position + trans;
        transform.position = Vector3.MoveTowards(
            transform.position,
            newPos,
            Speed * Time.deltaTime);
}
```

◀

Um Actions außerhalb einer C#-Klasse als Input Actions Asset zu definieren, verwenden wir Assets → Create → Input Actions. Es bietet sich an ein Verzeichnis

`Assets/Inputs` anzulegen und dieses Asset dort abzulegen. Nachdem wir einen Namen wie `FirstActions` vergeben haben können wir mit einem Doppelklick auf das Asset oder mit `Edit Asset` im Inspektor Control Schemes, Action Maps, Actions und Bindings in einem Editor-Fenster definieren. Wir betrachten diese Möglichkeit an Hand der Action für das Beenden der Anwendung. Als Erstes legen wir ein Control Scheme wie in Abb. 2.9 an.

Jetzt erzeugen wir in der linken Spalte des Editors eine Action Map mit dem Namen `FirstMap` und in der mittleren Spalten verwenden wir + um eine erste Action anzulegen. Wir nennen sie `Quit`, in der rechten Spalte definieren wir das Binding und verwenden die logische Option `Cancel`. Das Ergebnis finden wir in Abb. 2.10.

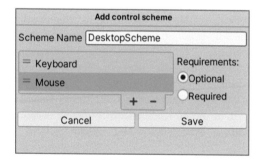

Abb. 2.9 Anlegen eines Control Scheme in einem Input Asset. Wir können Geräte hinzufügen und festlegen, ob die Hardware erforderlich oder optional ist

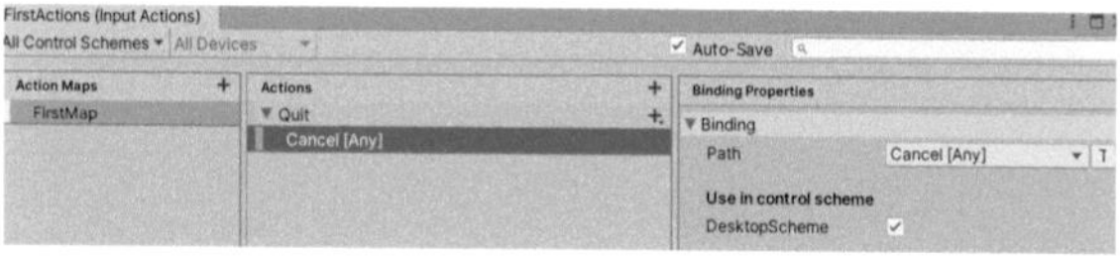

Abb. 2.10 Die Action Map `FirstMap` mit der Action `Quit` und dem Binding für einen Button

Auto-Save

Bei der Arbeit mit dem Editor für die Action Input Assets
empfiehlt es sich die Option `Auto-Save` zu aktivieren. Damit
werden unsere Eingaben im Editor-Fenster für die Definition
der Eingaben im Asset automatisch gespeichert. ◄

In den Einträgen zu den Bindings finden wir weitere Ein-
stellmöglichkeiten wie `Interactions`. Für den Tastendruck
müssen wir hier keine weiteren Einträge vornehmen. In der Liste
finden wir Möglichkeiten die auf mobilen Geräten Sinn machen. Unter `Processors` können wir die erzeugten Eingaben
verändern, zum Beispiel mit −1 multiplizieren oder ein Clamp
durchführen. Da dies für unseren Button keinen Sinn macht
müssen wir für unser Beispiel hier nichts eintragen. Bereiten
wir die Steuerung mit Hilfe der `WASD`-Tasten vor haben wir
einen Stand wie in Abb. 2.11. Die Einträge ähneln sehr stark den
Fenstern die wir vorher im Inspektor verwenden hatten.

Wir haben alles dafür vorbereitet, um ein solches Asset in einer
C#-Klasse zu nutzen. Dazu fügen wir dem Objekt `Kapsel`, das
auf die Actions reagieren soll, mit `Add Component` → `Input`
→ `Player Input` eine Komponente hinzu. Dann können wir
im Inspektor in dieser Komponente festlegen welches Control
Scheme, welche Action Map und welche Actions verwendet
werden sollen. Die Abb. 2.12 zeigt die Komponente im Inspektor.
Unter `Behaviour` legen wir fest wie die Information über die
ausgelösten Events in der Anwendung verarbeitet werden. Wir
verwenden `Send Messages`. Wir haben für die Action den

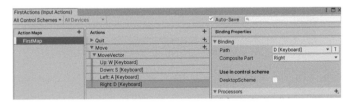

Abb. 2.11 Die Action Map `FirstMap` für das Beenden der Anwendung
und einer Steuerung mit einem Ergebnis vom Typ `Vector2`

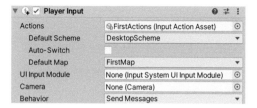

Abb. 2.12 Die Player Input Komponente mit Angaben zu Control Scheme, Action Map und Actions. Mit dem Eintrag in Behaviours legen wir fest wie die Information über die ausgelösten Events in der Anwendung verarbeitet werden

Namen `Quit` vergeben. Dann können wir in einer C#-Klasse mit einer Funktion `OnQuit` diesen Event verarbeiten. Möglich für `Behaviour` ist `Broadcast Messages`. Damit werden die Nachrichten an das Objekt verschickt, dem diese Komponente hinzugefügt wurde und alle weiteren, die diesem Objekt hierarchisch untergeordnet sind. Darüber hinaus können wir das in Unity oder C# vorhandene Event-System einsetzen.

In derKlasse `QuitApplication` benötigen wir nun keine Instanz der Klasse `InputAction`, auch die Initialisierung und die Definition der verwendeten Callbacks entfällt. Dies wird mit unseren Vorbereitungen implizit durch die neue Komponente `PlayerInput` durchgeführt. Wir haben im Editor die Action für das Beenden der Anwendung mit `Quit` bezeichnet. Für diese Action benötigen wir keine weiteren Informationen über das Event. Wir implementieren `OnQuit` und führen wie schon mehrfach gezeigt das Beenden der Anwendung aus. Analog gehen wir für die Action `Move` vor, mit der wir die Steuerung eines Objekts realisieren. Wir implementieren in der Klasse `PlayerControl2D` die Funktion `OnMove`. Die Initialisierung und die Registrierung des Callbacks können wir wieder löschen. Wieder benötigen wir Daten aus dem Kontext, denn wir müssen den zweidimensionalen Vektor abfragen und die Reaktion vorbereiten. Die Funktion unterscheidet sich von der Variante, die wir bereits untersucht haben nur durch das Argument der Funktion und wie wir den Vektor abfragen:

Bewegung eines Objekts mit Hilfe der Action Move

```
private void OnMove(InputValue value)
{
        var results = value.Get<Vector2>();
}
```

◀

Do it yourself!

2.1 (Koordinatensysteme und GameObjects)

(a) In einer Szene eines Unity-Projekts sollen die Achsen des
linkshändigen Koordinatensystems von Unity visualisiert
werden wie in Abb. 2.13. Verwenden Sie kleine Würfel,
um das Ende der kanonischen Einheitsvektoren anzuzeigen.
Visualisieren Sie wie in Abb. 2.13 auch den Ursprung des
Weltkoordinatensystems mit Hilfe eines Würfels. Ob Sie wie
in der Abbildung weitere Objekte aufnehmen bleibt Ihnen
überlassen.

(b) Führen Sie Ihre Anwendung im Editor aus und überzeugen
Sie sich, dass ihre Einstellungen korrekt sind. Erstellen Sie
ein externes Build für ihre Plattform und stellen Sie die
`Player Settings` so ein, dass Sie die Anwendung einfach beenden können!

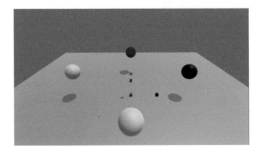

Abb. 2.13 Visualisierung des Weltkoordinatensystems in Unity in Aufgabe 2.1

2.2 (Verfolgung mit FollowTheTarget) Erstellen Sie eine Kopie des Projekts `BasisSzene` und stellen Sie sicher, dass Sie in diesem neuen Projekt das Input System einsetzen können.

(a) Implementieren Sie die im Text beschriebene Klasse `FollowTheTarget`. Fügen Sie insbesondere eine Action hinzu, mit der Sie interaktiv die Verfolgung stoppen und starten können!

(b) Implementieren Sie die im Text beschriebene Klasse `PlayerControl2D` und verwenden Sie das `Flugzeug- modell` als Verfolger und das Objekt `Kapsel` als gesteuertes Ziel!

(c) Definieren Sie für das verfolgte Objekt ein zusätzliches Binding, das die Steuerung mit Hilfe der Cursor-Tasten erlaubt!

2.2   Kollisionen und Berührungen

Wie entscheiden wir, ob sich zwei Objekte in einer Szene berühren oder sogar durchdringen? Für Objekte wie Kugeln, Zylinder oder Quader ist das Erkennen von *Kollisionen* relativ einfach. Müssen wir diese Aufgabe für zwei polygonale Netze entscheiden, wird dies schnell aufwändig. Hat das Objekt 1 eine Million und das Objekt 2 sogar 10 Millionen Dreiecke, dann bleibt uns im Zweifelsfall nur, jedes Dreieck gegen jedes Dreieck zu untersuchen. Dann müssen wir insgesamt $10^6 \cdot 10^7 = 10^{13}$-mal testen, ob sich zwei Dreiecke schneiden oder berühren. Wollen wir dies in Echtzeit durchführen, stehen wir vor einer nicht ganz einfachen Aufgabe. Wir verwenden *Hüllkörper*, engl. *Bounding Volumes*, die wir um die eigentlichen Objekte legen und die einfacher auf Kollision oder Durchdringung zu prüfen sind. Erst wenn wir nach der Überprüfung der Hüllkörper eine exakte Untersuchung benötigen verwenden wir Teile der Objekte.

Welche Geometrien verwenden wir für diese Bounding Volumes? Die mathematische Beschreibung dieser Körper muss einfach sein. Und die Entscheidung, ob eine Berührung oder eine Durchdringung vorliegt, muss möglichst schnell durchgeführt werden können. Es ist naheliegend Kugeln zu verwenden. Wir benötigen vier Werte für die Definition einer Kugel, die Position

Abb. 2.14 Zwei
Kugeln im Raum mit
Mittelpunkten in der
Ebene $z = 0$. Die
Summe der beiden
Radien stimmt mit dem
euklidischen Abstand
der Mittelpunkt überein
– es liegt eine Berührung
vor

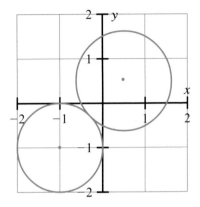

des Mittelpunkts und den Radius. Ist der euklidische Abstand der
beiden Mittelpunkte kleiner als die Summe der beiden Radien,
dann liegt eine Berührung oder eine Durchdringung vor. In
Abb. 2.14 finden wir die Vorderansicht zweier Kugeln. Kugel 1
hat den Mittelpunkt $(-1, -1, 0)$ und Radius 1, Kugel 2 soll ihren
Mittelpunkt in $(\frac{1}{2}, \frac{1}{2}, 0)$ haben mit Radius $\frac{3}{2}\sqrt{2} - 1$. Der Abstand
der beiden Mittelpunkte ist durch $\frac{3}{2}\sqrt{2}$ gegeben, dies entspricht
exakt der Summe der beiden Radien. Dann liegt eine Berührung
vor. Den Punkt in dem sich die beiden Kugeln berühren können
wir ebenfalls einfach berechnen.

Eine Alternative zu Kugeln sind Quader, die das Objekt enthalten. Wir können die Quader passend zu den umschlossenen
Objekten orientieren. Einfacher ist die Option, die Quader so zu
orientieren, dass ihre Achsen parallel zu den Achsen des Weltkoordinatensystems sind. Solche *Axis-Aligned Bounding Boxes* oder
kurz *AABB* können wir mit Hilfe von minimalen und maximalen
Koordinaten der Eckpunkte eines polygonalen Objekts ermitteln.
Auch für diese Hüllkörper ist eine Überprüfung auf Kollision
schnell durchführbar. Kennen wir die AABB, dann ist daraus
auch eine Kugel als Hüllkörper berechenbar. Wir verwenden
den Schwerpunkt des Quaders als Mittelpunkt und den größten
Abstand zwischen dem Schwerpunkt und einer der acht Ecken als
Radius.

In Unity finden wir die Komponente `Collider`. Erzeugen wir ein GameObject wird diese Komponente häufig vom System für uns angelegt. Ist dies nicht der Fall können wir die Komponente mit Hilfe der Einträge in `Physics` bei `Add Component` im Inspektor hinzufügen. Wir finden drei *Primitive Collider*, die sich an den Geometrien orientieren, die wir im Editor erzeugen können:

* `Box Collider`,
* `Capsule Collider`,
* `Sphere Collider`.

Wir können solche Hüllkörper durch Vereinigung zu einem `Compound Collider` machen und damit komplexere Collider erzeugen. Möglich ist auch einen existierenden Collider mit `Edit Collider` zu verändern und so besser an das Objekt anzupassen. Für polygonale Netze finden wir einen `Mesh Collider`. Diese Art von Hüllkörper sollten wir jedoch im ersten Schritt nicht verwenden, da sonst wie bereits besprochen der Aufwand für die Kollisions-Erkennung sehr hoch werden kann.

Unity unterscheidet zwischen einem `Static Collider` und einem `Dynamic Collider`. Als dritte Ausprägung finden wir `Trigger`. Ein `Static Collider` ist ein GameObject, das eine Komponente vom Typ `Collider`, jedoch keine `Rigidbody`-Komponente besitzt. Solche Hüllkörper verwenden wir für Objekte, die sich, falls eine Kraft auf sie wirkt, nicht bewegen. Ganz typische Anwendungsfälle für solche Collider sind Objekte wie Boden, Wände oder unbewegliche Hindernisse. Ein `Static Collider` kann mit einem `Dynamic Collider` interagieren. Aktivieren wir die Option `Is Trigger`, erhalten wir einen Collider vom Typ `Trigger`. Ein Objekt, das sowohl eine Komponente vom Typ `Collider` als auch vom Typ `RigidBody` besitzt ist ein `Dynamic Collider`. Ein solches bewegliches Objekt reagiert auf Kollisionen und die Einwirkung von Kräften. Diese Objekte interagieren mit allen Ausprägungen der Klasse `Collider`.

Wird eine Kollision zwischen zwei Hüllkörpern erkannt, werden Events ausgelöst und wir können mit Hilfe von C#-Klassen darauf reagieren. Dazu benötigen wir in einer Szene mindestens ein Objekt mit einem `Dynamic Collider`. Im `Collider` muss dafür die Eigenschaft `Is Trigger` aktiviert sein. Wir werden im Folgenden die Physik in Unity nicht einsetzen, so dass die Eigenschaften bei `Rigidbody` nicht relevant sind. Neben diesem Objekt benötigen wir natürlich noch weitere Objekte, die einen `Static Collider` realisieren. Bei diesen Objekten achten wir darauf, dass die Eigenschaft `Is Trigger` *nicht* aktiv ist. Alle Kugeln in der Basis-Szene besitzen einen `Sphere Collider`. Wir werden das Objekt `KugelLinksVorneKlein4` mit Hilfe der Klasse `PlayerControl2D` steuern und damit Kollisionen auslösen. Deshalb fügen wir diesem Objekt eine `RigidBody`-Komponente hinzu und aktivieren `Is Trigger`.

Die restlichen Kugeln oder die Quader mit den Bezeichnungen `Kasten*` sind alle ein `Static Collider`. Stellt Unity erstmalig eine Kollision zwischen zwei Objekten fest wird ein Event vom Typ `TriggerEnter` erzeugt. Gab es im letzten Frame eine Kollision und hält diese immer noch an können wir einen `TriggerStay`-Event behandeln. Findet keine Kollision mehr statt wird `TriggerExit` erzeugt. Um diese Events zu behandeln implementieren wir eine C#-Klasse `TriggerManager`, die drei Funktionen `OnTriggerEnter`, `OnTriggerStay` und `OnTriggerExit` implementiert. Um uns mit den Events vertraut zu machen protokollieren wir im ersten Schritt mit diesen Methoden das Auftreten der drei beschriebenen Events in der Unity-Konsole. Mit Hilfe der Klasse `Collider` können wir den Namen des berührten Objekts und weitere Informationen abfragen und weiter verarbeiten:

Behandeln der Trigger-Events

```
void OnTriggerEnter(Collider otherObject)
{
      Debug.Log("Trigger bei " + otherObject.name
                   + " hat begonnen");
}
void OnTriggerStay(Collider otherObject)
```

```
{
    Debug.Log("Trigger bei " + otherObject.name" );
}
void OnTriggerExit(Collider otherObject)
{
    Debug.Log("Trigger bei " + otherObject.name
                      + " ist beendet!");
}
```

◄

Ist das gesteuerte Objekt kein `Trigger`, ist also die Eigenschaft `Is Trigger` nicht aktiviert, dann fügen wir einem weiteren Objekt in der Szene, zum Beispiel der Kugel `KugelLinksVorneKlein3`, eine `RigidBody`-Komponente hinzu. Wir achten darauf, dass bei diesem Objekt und dem Trigger-Objekt die Eigenschaft `Is Kinematic` nicht aktiviert ist. Kollidieren diese beiden Objekte, dann werden Events `CollisionEnter`, `CollisionStay` und `CollisionExit` erzeugt. Wieder können wir diese Events in einer Klasse behandeln, die die entsprechenden Methoden implementiert. Im Gegensatz zu den Methoden `OnTrigger<>` übergeben wir den Funktionen wie `OnCollisionEnter` ein Objekt vom Typ `Collision`. Wieder können wir Informationen über das berührte Objekt abfragen und verarbeiten:

Behandeln der Collision-Events

```
void OnCollisionEnter(Collision Coll)
{
    Debug.Log("Kollision mit   "
        + Coll.collider.gameObject.name + " hat begonnen");
}
```

◄

In diesen Funktionen können wir Kräfte erzeugen und wirken lassen, die anschließend mit Hilfe der Physik in Unity verwendet werden. Machen wir unser gesteuertes Objekt durch die Eigenschaft `Is Kinematic` zu einem durch Physik beeinflussten Objekt, dann bewegen wir nach der Kollission das getroffene Objekt.

Mit Hilfe eines Trigger-Objekts können wir Objekte berühren und damit auswählen. Als Visualisierung implementieren wir eine Klasse, die bei „Auswahl" das Material ändert und falls wir das Objekt wieder „loslassen" das ursprüngliche Material wiederherstellt. Nennen wir diese Klasse TouchHighlighter, verwenden wir mehrere Instanzen von Materialien als public-Variablen und fügen die Klasse dem Trigger-Objekt als Komponente hinzu. In der Funktion OnTriggerEnter fragen wir das Material des berührten Objekts ab, um dieses Material anschließend in OnTriggerStay und auch in OnTriggerExit zu manipulieren:

Veränderung des Materials bei Trigger-Events

```
public class TouchHighlighter : MonoBehaviour
{
    public Material Stay;
    private Material m_Original;
    private MeshRenderer otherRenderer;
    void OnTriggerEnter(Collider otherObject)
    {
        otherRenderer = otherObject.GetComponent(
            typeof(MeshRenderer)) as MeshRenderer;
        m_Original = otherRenderer.material as Material;
    }
    void OnTriggerStay(Collider otherObject)
    {
      otherRenderer.material = Stay;
    }
    void OnTriggerExit(Collider otherObject)
    {
        otherRenderer.material = m_Original;
    }
}
```

◄

Do it yourself!

2.3 (Trigger- und Collision-Events)

(a) Erstellen Sie eine Kopie des Projekts `BasisSzene` und stellen Sie sicher, dass ein Objekt vom Typ `Trigger` existiert, das interaktiv mit Eingaben bewegt werden kann. Implementieren Sie wie im Text beschrieben eine Klasse die die Events `TriggerEnter`, `TriggerStay` und `TriggerExit` behandelt. Protokollieren Sie die Events in der Konsole!

(b) Verändern Sie die Szene so, dass die Events `CollissionEnter`, `CollisionStay` und `Collision Exit` behandelt werden!

(c) Verwenden Sie eine oder beide Lösungen der Teilaufgaben und ersetzen Sie die Ausgaben auf der Konsole von Unity durch ein visuelles Feedback in der Szene, zum Beispiel durch Wechseln der Farbe eines berührten Objekts!

2.3   Raycasting

Statt ein Objekt zu berühren um es auszuwählen werden wir häufig einen *Strahl*, einen *Ray*, von einem Objekt aussenden und überprüfen, ob dieser Strahl ein Objekt in der Szene schneidet. Wir haben einen *Raycast* durchgeführt. Diese Funktionalität müssen wir nicht selbst implementieren, wir finden Klassen dafür in Unity. Einen Strahl, gegeben durch einen Anfangspunkt und einen Richtungsvektor, realisieren wir als Instanz von `UnityEngine.Ray`. Die Methode `Physics.Raycast` erhält einen Strahl und führt Schnittberechnungen mit den Collidern der Szene-Objekte aus. Die Ergebnisse dieser Berechnungen erhalten wir als Instanz der Klasse `RaycastHit`. Gibt es mehr als ein Objekt, dessen Hüllkörper vom Strahl getroffen wird erhalten wir als Ergebnis immer das Objekt, das dem Startpunkt des Strahls am nächsten liegt. Der Namespace der Klasse `Raycast` zeigt uns bereits, dass wir die Berechnungen in der Event-Funktion `FixedUpdate` ausführen. Wir können mit Hilfe der in Unity verfügbaren `Layer` Objekte von der Schnittberechnung ausschließen, was bei Szenen mit vielen Objekten sehr nützlich ist.

Neben der Klasse `Physics.Raycast` finden wir in Unity eine Reihe von ähnlichen Klassen. Auch hier werden Schnitte mit den Hüllkörpern der Objekte berechnet:

- Die Klasse `Physics.Linecast` verwendet einen Strahl, der durch zwei Punkte gegeben ist.
- `Physics.RaycastAll` gibt alle gefundenen Schnittpunkte als eine ungeordnete Liste zurück.
- Die Klassen `Physics.Spherecast` und `Physics.Capsulecast` schneiden Kugeln oder Kapseln, die entlang eines Strahls bewegt werden mit den Szene-Objekten.

Als Rückgabe aller dieser Raycasting-Klassen erhalten wir immer einen logischen Wert. Erhalten wir `True` gibt es einen Schnitt. Mehr Informationen über den Schnitt erhalten wir bei Bedarf als Instanz der Klasse `RaycastInfo`. Wir können die Länge des Strahls begrenzen. Und wir können entscheiden, ob bei den Schnitten auch die Collider von Trigger-Objekten eingeschlossen werden oder nicht.

In VR-Anwendungen werden wir Raycasting meist ausgehend von einem Controller einsetzen. Deshalb verwenden wir im Beispiel ein Modell eines generischen Controllers aus dem Unity XR-Package. Wir können diesen generischen Controller als Prefab in unsere Szene aufnehmen. Die einfachste Möglichkeit für einen Raycast besteht darin, dass wir einen Strahl erzeugen, der „nach unten", also in Richtung `Vector3.down` oder „nach vorne" in unserer Basis-Szene, in Richtung `Vector3.forward`, zeigt. Dann treffen wir in unserer Szene garantiert den Boden oder eine der Wände. Wir überprüfen ob es einen Treffer gibt und protokollieren dies in der Konsole. Ob wir einen Schnittpunkt erhalten hängt von der maximalen Länge des Strahls ab, den wir mit `MaxLength` übergeben.

Einfacher Raycast

```
public class SimpleCast : MonoBehaviour
{
    public float MaxLength = 10.0f;
    void FixedUpdate()
```

```
  {
    Vector3 fwd = transform.TransformDirection(
            Vector3.forward);
    if (Physics.Raycast(transform.position, fwd, MaxLength))
      Debug.Log(
          "Es gibt ein Objekt in Richtung der z-Achse!");
  }
}
```
◄

Lokale Koordinaten und Weltkoordinaten

Die Funktion `TransformDirection` ist wichtig, denn wir
verwenden den Vektor `forward` des Controllers, die z-Achse
im lokalen Koordinatensystem des Objekts. Die Funktion
`TransformDirection` rechnet Vektoren aus dem lokalen
Koordinatensystem in Weltkoordinaten um. ◄

Wir implementieren einen einfachen Raycaster, dessen maximale Länge wir im Inspektor einstellen können. Wir erzeugen
einen Raycast falls wir eine Taste gedrückt halten. In einer VR-
Anwendung wird dies ein Button auf dem Controller sein. Mit
dem Input System können wir später die Action einfach austauschen. Bei Tastendruck verwenden wir eine Instanz der Klasse
`LineRenderer` und geben den Strahl aus. Als Anfangspunkt
verwenden wir die Position des Objekts, das diese Klasse als
Komponente besitzt, als Endpunkt den Punkt auf dem Strahl, der
durch die maximale Distanz für den Raycast eingestellt ist. Um
ein visuelles Feedback zu geben, dass wir einen Schnitt erhalten
haben stellen wir in diesem Fall am Schnittpunkt eine kleine
Kugel dar. Dort lassen wir den dargestellten Strahl in diesem
Fall auch enden. Dabei instanziieren wir das Prefab `HitVis`
für die Visualisierung des Schnittpunkts, die Instanz der Klasse
`LineRenderer` nennen wir `lr`. Die Variable `ax` gibt an welche
Koordinatenachse wir als Richtungsvektor einsetzen:

Ausschnitt aus FixedUpdate für einen Raycast

```
public class RaycastWithLine : MonoBehaviour
{
    public Vector3 ax = Vector3.forward;
    public GameObject HitVis;
```

```
protected LineRenderer lr;
void FixedUpdate()
{
    Vector3[] points = new Vector3[2];
    points[0] = transform.position;
    RaycastHit hitInfo;
    if (Physics.Raycast(
            transform.position, ax,
            out hitInfo, MaxLength))
    {
        HitVis.transform.position = hitInfo.point;
    }
    else
    {
        HitVis.transform.position =
            transform.position + MaxLength * ax;
    }
    points[1] = HitVis.transform.position;
    lr.SetPositions(points);
}
}
```

◀

In Abb. 2.15 sehen wir eine Realisierung in der Basis-Szene.
Die maximale Länge des Strahls ist so eingestellt, dass die

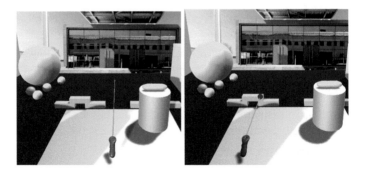

Abb. 2.15 Links: Das Raycasting wird ausgeführt, es gibt keinen Schnittpunkt, da die eingestellte maximale Länge nicht ausreicht um die hintere
Wand zu treffen. Rechts: Der Controller wurde bewegt, es gibt einen Schnittpunkt mit einem Objekt. Der Schnittpunkt wird durch eine Kugel am Ende
des Strahls visualisiert

hintere Wand nicht geschnitten wird. Nur der Strahl selbst wird dargestellt. Bewegen wir den Controller leicht nach links gibt es einen Schnitt mit dem Collider des Kastens am Rand des Kernbereichs. Der Schnittpunkt wird mit einer kleinen Kugel am Ende des Strahls visualisiert.

Do it yourself!

2.4 (Raycasting) Erstellen Sie eine Kopie des Projekts `BasisSzene`. Wählen Sie ein steuerbares Objekt als Ausgangspunkt für das Raycasting.

(a) Implementieren Sie einfache Raycasts, die auf der Konsole protokolliert werden!
(b) Implementieren Sie eine Klasse, die einen Raycast ausführt und den Strahl und einen Schnittpunkt visualisiert!

2.4   Protokollierung

Natürlich gibt es Debugger für die Fehlersuche. Aber ganz ehrlich – viele von uns arbeiten sehr häufig mit kleinen Ausgaben auf der Konsole. Bei einer Konsolen-Anwendung realisieren wir Ausgaben mit `Print`-Befehlen. Das Pendant dazu in Unity sind Ausgaben mit `Debug.Log`, die wir bei Kollisionen und Raycasts bereits eingesetzt haben.

Die Klasse `Debug` bietet deutlich mehr Funktionalität als die Methode `Log`. Diese Klasse implementiert das Interface `ILogger`. Falls die Funktionalität in `Debug` nicht ausreicht können wir eigene Klassen von diesem Interface ableiten. Software für das Protokollieren arbeitet immer mit Stufen wie `Info`, `Warning` oder `Error`, für die es entsprechende Funktionen gibt. Das Interface `ILogger` sieht fünf Stufen vor:

- `Log, LogFormat,`
- `LogAssertion, LogAssertionFormat,`
- `LogError, LogErrorFormat,`
- `LogWarning, LogWarningFormat,`
- `LogException.`

Abb. 2.16 Protokoll-
Ausgaben auf der
Konsole mit Hilfe der
Klasse Debug

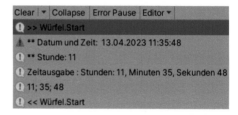

Die Namen der Funktionen zeigen bereits an, für welche Stufe
die damit erzeugten Ausgaben gedacht sind. Die Funktion Log
gibt Informationen auf der Konsole aus. Wir können Fehler,
Warnungen oder Ausnahmen auf der Konsole ausgeben. Die
Funktionen, die Format im Namen enthalten bieten dabei immer
die Möglichkeit einer eigenen Formatierung. In Abb. 2.16 finden
wir eine Ausgabe in der Konsole des Unity-Editors, die mit
Debug.Log und Debug.LogWarning erzeugt wurde. Die
Ausgaben wurden in einer von MonoBehaviour abgeleiteten
Klasse erstellt, die in der Basis-Szene dem Objekt Würfel als
Komponente hinzugefügt wurde. Welche Funktion wir für die
Ausgabe verwenden erkennen wir an Hand des Icons, das dem
Text vorangestellt wird. Das Ausrufezeichen in Abb. 2.16 zeigt
die Funktion LogWarning an. Alle anderen Ausgaben wurden
mit Log und LogFormat erzeugt.

Bei der Erstellung eines Builds geben wir in den Build
Settings einen CompanyName und einen ProductName
an. In den Beispielen zu diesem Buch wird als CompanyName
immer VRKompakt verwendet. Als ProductName wird der
Name des Unity-Projekts eingetragen. Erstellen wir ein Build
können wir entscheiden ob ein sogenanntes *Player Log* erstellt
wird. Wo wir diese Datei finden hängt vom Betriebssystem ab,
auf dem die Anwendung ausgeführt wird. In Tab. 2.1 finden wir
Informationen dazu.

Die Ausgaben aus Abb. 2.16 als Text in einer Datei lauten:

```
>> Würfel.Start
** Datum und Zeit:  13.04.2023 11:35:48
** Stunde: 11
Zeitausgabe: Stunden: 11, Minuten 35, Sekunden 48
11; 35; 48
<< Würfel.Start
```

Tab. 2.1 Player Logs für verschiedene Betriebssysteme

Betriebssystem	

Windows	`%USERPROFILE%\AppData\`
	`LocalLow\<CompanyName>\<ProductName>`
	`\Player.log`

macOS	`Library/Logs/<Company Name>/<Product` `Name>/Player.log`
Android	Wir verwenden `adb logcat`

Wir erkennen an Hand der ersten und der letzten Zeile, dass die Ausgaben in der `Start`-Funktion einer C#-Klasse erstellt werden. Es ist eine gute Praxis die Protokoll-Ausgaben mit solchen Zeilen zu starten und zu beenden. Die Basis-Szene die wir aufgebaut haben enthielt ein Objekt mit dem Namen `Würfel`. Die Ausgaben sind in der Komponente `LogTheTime` erstellt worden, die diesem GameObject als Komponente hinzugefügt wurde. Die Ausgabe des Namens des Objekts in der Konsole des Unity-Editors ermöglicht es uns mit einem Doppel-Klick auf den Namen des Objekts zu den Einträgen im Inspector zu gelangen.

Als Ausgabe wird das aktuelle Datum und die Zeit angegeben, zu der die `Start`-Funktion aufgerufen wurde. Dabei sind die beiden Zeilen vor dem Ende der Ausgabe mit der Funktion `LogFormat` realisiert worden. Hier der Ausschnitt der `Start`-Funktion mit den Aufrufen:

Die Funktion Start in der Klasse LogTheTime

```
void Start()
{
        if (!Logs)
            Debug.unityLogger.logEnabled = false;
        DateTime time = DateTime.Now;
        Debug.Log(">> " + gameObject.name + ".Start");
        Debug.LogWarning("** Datum und Zeit:  " + time);
        Debug.Log("** Stunde: " + time.Hour);
        object[] args = {time.Hour,
                                time.Minute,
                                time.Second};
        Debug.LogFormat("Zeitausgabe :
```

```
        Stunden: {0}, Minuten {1}, Sekunden {2}", args);
        Debug.LogFormat("{0}; {1}; {2}", args);
        Debug.Log("<< " + gameObject.name + ".Start");
    }
◄
```

Im Quelltext ist gut zu erkennen wie wir mit `gameObject.name` den Namen für die Ausgabe abfragen. Natürlich macht es viel Sinn die Protokoll-Ausgaben zu deaktivieren. Die Klasse, für die wir die `Start`-Funktion sehen hat ein weiteres Element `Logs` vom Typ `bool`, das wir im Inspektor verändern können. Ist `Logs` auf `false` gesetzt wird mit der Zuweisung wie im Quelltext die Ausgabe mit der Klasse `Debug` deaktiviert.

Die Ausgaben in der Konsole anpassen

Auf der Konsole erhalten wir als Default immer zwei Zeilen und einen Zeitstempel für die Ausgaben. Das können wir mit einem Klick auf das Menu der Konsole verändern. Stellen wir auf `1 Line` um, sehen wir nur noch unsere Ausgaben. Und mit `Show Timestamp` können wir einstellen, ob wir den Zeitstempel benötigen oder nicht. Wir können hier auch die Dateien mit den Editor- und Player-Logs öffnen. ◄

Evaluieren wir neue Technologien und Methoden in einer empirischen Studie liegt es nahe Ausgaben zu verwenden, die wir anschließend möglichst einfach in eine Analyse-Software importieren können. Hier bietet sich das CSV-Format an, das von allen Datenanalyse-Paketen unterstützt wird. Wie wir solche Ausgaben erzeugen können haben wir schon gesehen, wir hatten `Debug.LogFormat` eingesetzt und einige Werte, getrennt durch ein Semikolon, ausgegeben. Aber diese Ausgaben erscheinen auf der Konsole oder im Player-Log, das wir anschließend umständlich suchen und kopieren müssen. Die Anforderung ist klar – wir benötigen eine Lösung, die in der Lage ist eine CSV-Datei an einem gewünschten Ort im Dateisystem zu produzieren.

Das Interface ILogger realisiert fünf verschiedene Stufen von Ausgaben, das hatten wir bereits aus den Namen der Funktionen in der Klasse Debug abgelesen:

- Exception
- Error
- Assert
- Warning
- Log

Für die Evaluation einer Anwendung möchten wir die Daten in eine Datei schreiben, aber keine Fehlermeldungen oder Ausnahmen. Dafür implementieren wir eine Klasse FilterLogs, die drei öffentliche Eigenschaften hat, mit denen wir im Inspektor einstellen können, ob wir überhaupt Logs ausgeben möchten, welchen Text wir bei LogFormat voranstellen und ab welcher Stufe die Ausgaben erfolgen sollen. Wir vereinbaren drei Variablen:

Einstellungen für das Protokollieren

```
public bool Logs = true;
public string MyTag = "Information";
public LogType LogLevel = LogType.Warning;
```

◄

Für die Variable LogLevel vom Typ LogType interpretieren wir die Aufzählung der Stufen als eine geordnete Liste. Setzen wir wie gezeigt den Wert LogType.Warning, dann erhalten wir ausschließlich Ausgaben der Stufen Warning und Log. Im Interface ILogger ist diese Funktionalität bereits vorbereitet. Dabei ist LogType ein Aufzählungstyp, damit erhalten wir im Inspektor ein Pulldown mit den möglichen Werten wie in Abb. 2.17.

Wir erzeugen die Instanz s_Logger des Default-Loggers. In der Start-Funktion verwenden wir unsere Einstellungen und erstellen entsprechende Ausgaben. Im Interface finden wir Funktionen

Abb. 2.17 Einstellungen für die Protokollierung im Inspektor

- `Log`,
- `LogError`,
- `LogWarning`, und
- `LogException`.

Die Funktion `LogFormat` hat jetzt eine erweitere Funktionalität. Wir können hier die gewünschte Stufe der Ausgabe übergeben:

Eine Start-Funktion mit gefilterten Ausgaben

```
private static readonly ILogger s_Logger
    = Debug.unityLogger;

void Start()
{
        if (Logs)
        {
            Debug.unityLogger.logEnabled = true;
            s_Logger.filterLogType = LogLevel;
        }
        else
            Debug.unityLogger.logEnabled = false;

        s_Logger.Log(myTag, ">> "+gameObject.name +
                "."+nameof(FilterLogs)+".Start");
        object[] args = {myTag,
                            gameObject.name,
                            gameObject.transform.position};
        s_Logger.LogFormat(LogLevel,
                    "{0}: Position von {1} ist {2}",  args);

        s_Logger.Log(myTag, "<< "+gameObject.name+
                "."+nameof(FilterLogs)+".Start");
}
```

◀

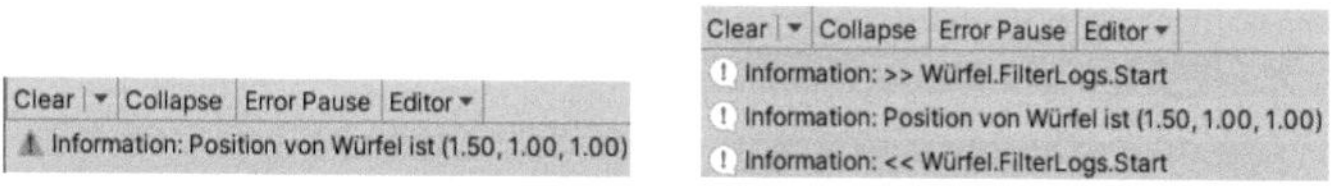

Abb. 2.18 Filter für das Protokoll auf der Konsole. Links: LogLevel = LogType.Warning, Rechts: LogLevel = LogType.Log

Als Default ist `filterLogType` im Interface `ILogger` auf `LogType.Log` gesetzt. Mit den Einstellungen wie in Abb. 2.17 erhalten wir nur eine Ausgabe, die als Warning gekennzeichnet ist und die Weltkoordinaten des Objekts ausgibt. Stellen wir `LogLevel` auf `Log` um werden drei Zeilen ausgegeben. Beide Protokolle finden wir in Abb. 2.18.

Wir hatten die Klasse `PlayerControl2D` implementiert und damit ein Objekt mit Hilfe von Eingaben bewegt. In der Szene hatte das Objekt `Kapsel` diese Klasse als Komponente. Das Objekt `Flugzeugmodell` erhält als Komponente die Klasse `FollowTheTarget`. Jetzt erweitern wir beide Klassen und erstellen ein Protokoll als CSV-Datei. In einer Zeile schreiben wir den Namen des Objekts und seine drei Koordinaten im Weltkoordinatensystem. Wie können wir eine solche Textdatei erzeugen? Dazu implementieren wir eine Klasse, die wir vom Interface `ILogHandler` ableiten. Wir treffen eine Entscheidung, wo diese Datei abgespeichert wird und implementieren einen Konstruktor wie den folgenden:

Eine Implementierung des Interface ILogHandler

```
public class CustomLogHandler :   ILogHandler
{
    public CustomLogHandler()
    {
        var filePath = Application.dataPath
            + "/loggingExample.csv";
        m_FileStream = new FileStream(filePath,
            FileMode.OpenOrCreate,
            FileAccess.ReadWrite);
        m_StreamWriter = new StreamWriter(m_FileStream);
        Debug.unityLogger.logHandler = this;
    }
}
```

◄

48 2 Interaktive Anwendungen

Verzeichnisse in der Klasse Application

In der Implementierung wird der Pfad `Application.dataPath` verwendet. Führen wir die Anwendung mit Hilfe des Play-Buttons im Editor aus, finden wir die Datei anschließend im `Assets`-Verzeichnis des Projekts. Alternativ könnten wir auch `persistentDataPath` verwenden. Wir finden die Dateien mit `Application.dataPath` aber schneller wieder.

In einem Build finden wir die Dateien unterhalb des Build-Verzeichnisses. Heißt die Szene `MoveAndLog`, dann liegen die gesuchten Dateien im Verzeichnis `MoveAndLog_Data`. ◄

Für die Protokollierung verwenden wir die in C# verfügbaren Klassen für die Ausgabe in Text-Dateien. Ganz wichtig ist die letzte Zeile im Konstruktor. Dort legen wir fest, dass wir jetzt diese Klasse für den Logger in `Debug.unityLogger` einsetzen. Das Interface fordert, dass wir die Funktionen `LogFormat` und `LogException` implementieren. Hier die Implementierung für `LogFormat`:

Funktion LogFormat in der Klasse CustomLogHandler

```
public void LogFormat(LogType logType,
        UnityEngine.Object context,
        String format,  params object[] args)
{
        m_StreamWriter.WriteLine(format, args);
        m_StreamWriter.Flush();
        m_DefaultLogHandler.LogFormat(
            logType, context, format, args);
}
```
◄

Damit können wir wie gewünscht die Koordinaten der beiden Objekte protokollieren. Die Klasse `PlayerControl2D`, mit der wir das verfolgte Objekt steuern, erhält weitere Elemente und wir geben die Koordinaten in `Update` aus:

Event-Funktionen in der Klasse PlayerControl2D

```
private void Awake()
{
        csvLogHandler = new CustomLogHandler(fileName);
}

private void Update ()
{
    object[] args = {gameObject.name,
                gameObject.transform.position.x,
                gameObject.transform.position.y,
                gameObject.transform.position.z,
    };
    s_Logger.LogFormat(LogType.Log, gameObject,
                "{0:c};{1:G}; {2:G}; {3:G}", args);
}
```

◀

Das verfolgte Objekt trägt den Namen `Kapsel`, der Verfolger ist `Flugzeugmodell`. Dann erhalten wir Ausgaben in der Log-Datei wie

```
Flugzeugmodell;-7,803975; 0,5; 3,480093
Flugzeugmodell;-7,803975; 0,5; 3,480093
Flugzeugmodell;-7,803975; 0,5; 3,480093
Flugzeugmodell;-7,8039475; 0,5; 3,480093
Flugzeugmodell;-7,803975; 0,5; 3,480093
```

Eine einfache Visualisierung dieser Daten finden wir in Abb. 2.19. Wir verwenden die Angaben zum Objekt in der ersten Spalte, um die Positionen der beiden Objekte zu trennen.

Erstellen von CSV-Dateien

Bei CSV-Dateien ist es immer wichtig zu wissen was das Trennzeichen der einzelnen Spalten ist und insbesondere welches Zeichen wir für die Dezimalstellen verwenden. Im Beispiel wird das Dezimalkomma verwendet, und das Semikolon als Trennzeichen. ◀

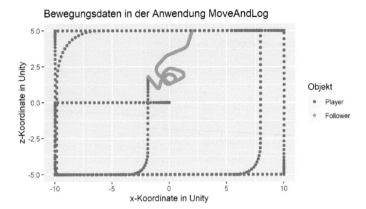

Abb. 2.19 Visualisierung der Positionen eines verfolgten Objekts und einem Verfolger mit R

Ausgaben zu Fehlern oder Ausnahmen machen nicht nur während der Anwendungsentwicklung Sinn. Ausgaben in einer Textdatei über den Zustand der Verbindung mit einer Datenbank oder anderen externen Software-Produkten können bei Fehlermeldungen an den Support von großem Nutzen sein. Solche Ausgaben, mit der richtigen Stufe, bauen wir von Anfang an in die Anwendung ein. Natürlich müssen wir diese Ausgaben möglichst ohne neues Build der Anwendung aktivieren und deaktivieren können. Gibt es Fehlermeldungen können wir die Ausgaben einsetzen um eine Diagnose oder eine Reproduktion des Fehlers durchzuführen.

Eine der ersten Lösungen für die Protokollierung war Apache log4j. Von Microsoft wird *Microsoft.Extensions.Logging* angeboten [53]. Eine weitere Lösung im C#-Umfeld ist das Open-Source Projekt *NLOG* [62]. NLog können wir eigenständig oder mit einer Factory in der Microsoft Extension einsetzen. Im Asset Store von Unity finden wir ein Package, mit dessen Hilfe wir sehr schnell Protokolle mit NLog erstellen können [2]. In diesem Abschnitt verwenden wir log4net [5]. Diese Lösung bietet die Funktionalität von log4j für C#. Wie bei allen Paketen für die Protokollierung finden wir verschiedene Stufen:

DEBUG   Damit wird alles protokolliert, was wir für die Fehlersuche oder das Testen der Software einsetzen. Diese Stufe
verwenden wir ausschließlich während der Implementierung
und des Testens, nie in einer produktiven Version!

INFO   Diese Stufe steht für Einträge mit einem informativen
Charakter. Wir können festhalten, dass ein Vorgang begonnen
oder abgeschlossen wurde. Diese Stufe können wir sinnvoll in
einer produktiven Umgebung einsetzen. Auch in einer Studie
ist dies eine sehr nützliche Stufe.

WARN   Damit protokollieren wir Vorgänge, die uns über den
Status unserer Software informieren. Zum Beispiel, dass die
Verbindung zu einem Server oder zu einer Datenbank nicht
mehr besteht. Damit können wir während des Betriebs unserer
Anwendung schnell sehen, in welchem Zustand die Software
gerade ist, und ob eventuell ein Neustart der Anwendung
erforderlich ist.

ERROR   Der Name sagt es schon, damit protokollieren wir
eingetretene Fehler und Ausnahmen. Damit können wir die
Software überwachen und auf Fehler reagieren. Solche Ausgaben sollten *immer* ausgegeben werden!

FATAL   Fehler, die zum sofortigen Abbruch der Anwendung
führen, werden mit dieser Stufe protokolliert. Die Anwendung
läuft nach einer solchen Ausgabe nicht mehr!

Zusätzlich gibt es die Stufen ALL und OFF. Mit OFF werden alle
Protokollausgaben ignoriert, ALL gibt alle Meldungen aus.

Wie schon bei der Klasse Debug gibt es für Ausgaben der
gewünschten Stufe entsprechende Funktionen. Und wir können
die Protokollausgaben filtern. Der große Vorteil bei der Verwendung einer Lösung wie log4net besteht darin, dass wir außerhalb
der Anwendung, in einer Konfiguration, festlegen können, wie
die Stufen gefiltert werden sollen. Damit verhindern wir, dass
Ausgaben der Stufe DEBUG im produktiven Betrieb erfolgen.
Tab. 2.2 zeigt die Abhängigkeiten zwischen der Stufe in der
Ausgabe und der Konfiguration. Sind Ausgaben der Stufe ERROR
konfiguriert, dann erkennen wir in der Spalte mit dieser Überschrift, welche Stufen in der Ausgabe enthalten sind. Für ERROR

Tab. 2.2 Ausgaben bei Log4Net in Abhängigkeit vom konfigurierten Level

	Konfiguration						
Ausgabe	ALL	DEBUG	INFO	WARN	ERROR	FATAL	OFF
DEBUG	Ja	Ja	Nein	Nein	Nein	Nein	Nein
INFO	Ja	Ja	Ja	Nein	Nein	Nein	Nein
WARN	Ja	Ja	Ja	Ja	Nein	Nein	Nein
ERROR	Ja	Ja	Ja	Ja	Ja	Nein	Nein
FATAL	Ja	Ja	Ja	Ja	Ja	Ja	Nein

in der Konfiguration erscheinen nur Ausgaben der Stufe ERROR
und FATAL.

Ist in der Konfiguration eingestellt, dass wir die Stufe INFO
verwenden, erhalten wir Ausgaben der Stufen INFO, WARN,
ERROR und FATAL. Damit wir die Ausgaben der Stufe WARN
erhalten verwenden wir eine der Stufen DEBUG, INFO oder WARN
in der Konfiguration.

Um log4net in einem Unity-Projekt einzusetzen verwenden
wir die Downloads, die wir auf [5] finden und speichern die
Assembly log4net.dll im Assets/Plugins-Verzeichnis
unseres Projekts ab. In einer Klasse, in der wir mit log4net
protokollieren möchten, erzeugen wir einen Logger mit Hilfe
der Klasse LogManager. Dabei verwenden wir den Namen der
Klasse als Argument der Funktion GetLogger.

Ein log4net-Logger in einer C#-Klasse

```
using log4net;
public class LogTheTime : MonoBehaviour
{
    private static readonly log4net.ILog Logger
        = log4net.LogManager.GetLogger(typeof(LogTheTime));
}
```

◀

Die Verwendung des Namens der Klasse als Argument der
Funktion GetLogger stellt eine best practice dar und hat wie
wir noch sehen werden viele Vorteile. Eine Instanz einer Klasse

für das Protokollieren gibt es immer. Wir fragen diese Instanz mit
`LogManager.getRootLogger()` ab.

Jetzt verwenden wir die Funktionen für die Ausgabe der
verschiedenen Stufen. Dabei setzen wir die gleiche Funktionalität
wie bereits bei der Betrachtung der Klasse `Debug` um. Wir fragen
die Uhrzeit in `Start` ab und protokollieren das Ergebnis. Für
die Ausgaben der Stufe `DEBUG` verwenden wir die entsprechende
Funktion und geben die Information über das Objekt aus, das
die Klasse als Komponente besitzt. Auch `>>` und `<<` verwenden
wir wie für die Klasse `Debug`. Für die Ausgabe mit der Stufe
`WARN` verwenden wir die Funktion `WarnFormat`, bei der wir
eine Formatierung übergeben können.

Protokollieren mit log4net

```
private void Start()
{
        Logger.Debug(">> " + gameObject.name + "."
                + nameof(LogTheTime) + ".Start");
        var time = System.DateTime.Now;
        Logger.WarnFormat("Datum und Zeit: {0:D}", time);
        Logger.Debug("<< " + gameObject.name + "."
                + nameof(LogTheTime) + ".Start");
}
```

◄

In den Szenen in denen wir mit `Debug` und `ILogger` protokolliert haben gab es eine logische Variable, mit deren Hilfe
wir im Inspektor die Protokolle deaktivieren konnten. Bei log4net
ist es möglich auf eine solche Variable zu verzichten. Neben der
Klasse `Logger` gibt es eine Klasse für die Konfiguration mit
der Bezeichnung `LoggerConfig`. Der Default-Level des Root-
Loggers ist `DEBUG`. Da alle weiteren Logger in der Hierarchie
vom Root-Logger abstammen gilt dies auch für diese, so lange
wir keine Konfiguration durchführen. Wir können die Stufe für
die Protokollierung im Quelltext festlegen, aber viel mehr Sinn
macht es solche Einstellungen in einer Konfigurationsdatei auszuführen. Wir können Konfigurationsdateien im XML, JSON oder
YAML-Format erstellen. Wir betrachten hier ein Beispiel für eine
XML-Datei, in der wir den Logger in der Klasse `LogTheTime`
konfigurieren.

XML-Konfiguration für log4net

```
<?xml version="1.0" encoding="utf-8" ?>
<log4net>
  <logger name="LogTheTime">
    <level value="DEBUG" />
    <appender-ref ref="RollingFileAppender"/>
  </logger>
  <root>
    <level value="FATAL" />
  </root>
</log4net>
```

◀

Hier erkennen wir sofort den Vorteil, den Namen der Klasse bei der Erzeugung des Loggers zu übergeben. In der XML-Datei verwenden wir den Namen der Klasse, um die Konfiguration zu definieren. Mit dem Tag `<level>` setzen wir die Stufe auf `DEBUG`. Im Root-Logger wollen wir möglichst wenig Ausgaben — wir setzen die Stufe auf `FATAL`.

Die Klassen für die Ausgaben werden bei log4net `Appender` genannt. Es gibt in log4net eine Default-Konfiguration, die vorsieht, dass die Protokollierung auf der Konsole durchgeführt wird. Dafür finden wir die Klasse `ConsoleAppender`. Diesen Appender können wir aber in Unity nicht einsetzen. Es ist nicht möglich mit `Console.WriteLine` oder vergleichbaren Funktionen eine Ausgabe auf einer Konsole zu erzeugen. Wir können selbstverständlich die in log4net vorhandenen Appender für die Protokollierung in Dateien einsetzen. In der Konfiguration für den Logger in `LogTheTime` geben wir mit dem Tag `<appender-ref>` an, dass wir einen sogenannten `RollingFileAppender` einsetzen möchten. Damit geben wir das Protokoll in eine Textdatei aus. Der Begriff `Rolling` gibt an, dass neue Ausgaben angehängt werden, wenigstens so lange, bis eine definierbare Maximalgröße der Datei nicht überschritten wird. Wir konfigurieren den Appender ebenfalls in dieser XML-Datei:

Konfiguration eines RollingFileAppender

```
<?xml version="1.0" encoding="UTF-8"?>
<log4net>
  <appender name="RollingFileAppender"
        type="log4net.Appender.RollingFileAppender">
    <file value="C:\\local/loggingRollingExample.log" />
    <appendToFile value="true" />
    <maxSizeRollBackups value="10" />
    <maximumFileSize value="1000MB" />
    <staticLogFileName value="true" />
    <layout type="log4net.Layout.PatternLayout">
      <conversionPattern value="%level %message %newline" />
    </layout>
  </appender>
</log4net>
```

◀

Natürlich müssen wir den angegebenen Dateinamen anpassen, aber es wird deutlich wie wir das Protokollieren konfigurieren. Wir können auch einen `FileAppender` einsetzen, der sehr ähnlich konfiguriert werden kann und ebenfalls in eine Textdatei schreibt. Wie die Ausgabe in der Datei aussieht definieren wir mit Hilfe des Tags `<layout>`. Mit dem Eintrag `%level %message %newline` legen wir fest, dass wir die verwendete Stufe ausgeben, gefolgt vom Text den wir übergeben. Wir schließen die Ausgabe mit einem Zeilenumbruch ab. In der festgelegten Datei finden wir eine Ausgabe wie

```
DEBUG: >> Würfel.LogTheTime.Start
WARN: Datum und Zeit: Thursday, 13 April 2023
DEBUG: << Würfel.LogTheTime.Start
```

Wie erhalten wir solche Protokolle in der Konsole des Unity-Editors? Wir implementieren dazu einen eigenen Appender für log4net, wie in [4, 71] vorgeschlagen. Dazu leiten wir eine Klasse von `log4net.Appender.AppenderSkeleton` ab und implementieren die Funktion `Append`. In dieser Funktion verwenden wir die Funktionen aus der Klasse `Debug` in Unity.

Ein Appender für die Unity Konsole

```
public class UnityDebugAppender :
            log4net.Appender.AppenderSkeleton
{
  protected override void Append(
            log4net.Core.LoggingEvent loggingEvent)
  {
    var message = RenderLoggingEvent(loggingEvent);
    Debug.Log(message);
  }
}
```
◀

Wir stellen sicher, dass dieser Appender in der XML-Konfiguration eingetragen wird. Dies erreichen wir mit den folgenden Einträgen:

Unity Appender in der XML Konfiguration

```
<appender name="UnityDebugAppender"
          type="UnityDebugAppender">
  <layout type="log4net.Layout.PatternLayout,log4net">
  <param name="ConversionPattern"
          value="%level %message %newline"/>
  </layout>
</appender>
```
◀

Mehrere Appender verwenden

Es ist möglich mehr als einen Appender in der Konfiguration für log4net einzusetzen. Zwei Zeilen wie

```
<appender-ref ref="UnityDebugAppender"/>
<appender-ref ref="RollingFileAppender"/>
```

sorgen für eine Ausgabe in der Unity-Konsole und in der Textdatei! ◀

Es liegt nahe einen weiteren Appender zu implementieren, der abhängig von der Stufe der Ausgabe in log4net eine der Methoden aus Debug aufruft:

Appender für die Unity Konsole mit Berücksichtigung der Stufen

```
public class UnityConsoleAppender :
            log4net.Appender.AppenderSkeleton
{
    protected override void Append(LoggingEvent loggingEvent)
    {
        var message = RenderLoggingEvent(loggingEvent);
        if (Level.Compare(loggingEvent.Level, Level.Error)>= 0)
            Debug.LogError(message);
        else  if
          (Level.Compare(loggingEvent.Level, Level.Warn)>= 0)
            Debug.LogWarning(message);
        else
            Debug.Log(message);
    }
}
```

◄

Mit Hilfe der Verzeichnisse, die wir in der Unity-Klasse `Application` finden können wir einen Appender implementieren, der eine Textdatei im `StreamingAssets`-Verzeichnis des Unity-Projekts oder auch im Build erstellt. Wir leiten wieder von `AppenderSkeleton` ab und implementieren neben der Funktion `Append` einen Default-Konstruktor. In diesem Konstruktor erzeugen wir eine Instanz von `FileStream`, die wir in `Append` verwenden.

Protokollieren im StreamingAssets-Verzeichnis des Unity-Projekts

```
public class StreamingAssetsAppender :
      log4net.Appender.AppenderSkeleton
{
    protected override void Append(LoggingEvent loggingEvent)
    {
        var message = RenderLoggingEvent(loggingEvent);
        m_StreamWriter.WriteLine(message);
    }
}
```

◄

Ausgaben mit StreamWriter

Je nach Umfang der Ausgaben im Protokoll kann es vorkommen, dass die erzeugte Datei scheinbar leer ist. Das liegt daran, dass wir ein `Flush` ausführen müssen. Dies ist nach jedem Aufruf von `WriteLine` möglich, was aber ungünstig ist. Besser ist es die Property `AutoFlush` von `StreamWriter` auf `true` zu setzen! ◄

Do it yourself!

2.5 (Protokollieren von Positionsdaten als csv-Datei mit log4net) Im Projekt `Unity/Logging/DebugLogging` auf [12] finden Sie die im Text vorgestellten Klassen `PlayerControl2D` und `FollowTheTarget`. In diesem Projekt werden die Positionsdaten des verfolgten und des interaktiv gesteuerten Objekts mit einer Implementierung des Interface `ILogHandler` in eine CSV-Datei protokolliert. Verändern Sie in diesem Projekt die C#-Klasse für das Protokollieren so, dass log4net verwendet wird!

2.5   World-in-Miniature und Unit-Tests

In der Realität orientieren wir uns in einer Umgebung, die wir nicht kennen häufig mit einer Karte. In einer Anwendung auf dem Computer können wir eine solche Karte interaktiv ausgestalten. Oder wir erstellen eine dreidimensionale Miniatur-Version der virtuellen Umgebung, eine *World-in-Miniature*, kurz *WiM* [75, 81, 82]. Ein mögliches Ergebnis einer solchen Miniatur finden wir in Abb. 2.20.

Wir werden WiM als Komponente eines Objekts in der Szene erzeugen. Wir können das Modell natürlich immer in der virtuellen Welt anzeigen, aber es macht Sinn die World-in-Miniature ein- und auszublenden. Wie in Abb. 2.21 zu erkennen gibt es dafür den Schalter `Show The Wim`. Es macht keinen Sinn einfach die komplette Szene in das Modell aufzunehmen, denn wir werden

Abb. 2.20 World-in-Miniature in der Basis-Szene. Der verwendete Maßstab für das Modell ist 1 : 10.

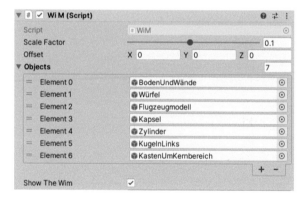

Abb. 2.21 Einstellungen für die Realisierung einer World-in-Miniature

uns später nicht für die Wände oder den Boden interessieren. Die Entscheidung welche Objekte in die Miniatur-Darstellung aufgenommen werden treffen wir mit einer Liste, in die die gewünschten Objekte aufgeführt werden. Wie in Abb. 2.21 zu sehen können wir mit + und - Objekte aufnehmen und entfernen. In C# verwenden wir dafür eine Instanz von `List<GameObject>`:

Eigenschaften der WiM-Komponente

```
public class WiM : MonoBehaviour
{
    public float ScaleFactor = 0.1f;
    public Vector3 Offset = Vector3.zero;
    public List<GameObject> Objects;
}
```
◄

Das Offset-Objekt ist dem Objekt, dem wir die World-in-Miniature als Komponente hinzugefügt haben hierarchisch untergeordnet. Wir implementieren dafür die Funktion m_MakeOffset:

Erzeugen des Offset-Objekts

```
private void m_MakeOffset()
{
    m_OffsetObject = new GameObject("Offset");
    m_OffsetObject.transform.SetParent(this.transform);
    m_OffsetObject.transform.localPosition = Offset;
    m_OffsetObject.transform.localScale =
        new Vector3(ScaleFactor, ScaleFactor, ScaleFactor);
    m_OffsetObject.transform.localRotation =
        Quaternion.identity;
}
```
◄

Jetzt können wir die Liste der Objekte, die in das Modell aufgenommen werden sollen traversieren und Kopien davon erstellen. Dazu verwenden wir eine der Überladungen der Funktion Instantiate, mit der wir die erzeugten Kopien in einer Hierarchie einordnen können:

Erzeugen der Modelle

```
private void m_CloneObjects()
{
    foreach (var go in Objects)
    {
```

```
    var clonedObject =
        Instantiate(go, m_OffsetObject.transform);
    clonedObject.name = go.name + "_Modell";
  }
}
```

◄

Umbenennen von Kindknoten in der Szene

Falls wir wie in der Basis-Szene Hierarchien haben wie die
Menge von Kugeln oder Zylinder, dann werden mit diesem
Quelltext die Wurzel-Objekte umbenannt. Um alle Objekte im
Modell umzubenennen müssen wir diese Hierarchien traver-
sieren und die Kopien ebenfalls umbenennen. ◄

Während der Laufzeit der Anwendung entsteht unterhalb
des Objekts mit der Komponente `WiM` eine Hierarchie
wie in Abb. 2.22. Die Methoden `m_MakeOffset` und
`m_CloneObjects` verwenden wir in `Start`. Mit Hilfe einer
einfachen Action können wir die Modelle ein- und ausblenden.
Sollen die Modelle eingeblendet werden verwenden wir diese
beide Funktionen. So stellen wir sicher, dass Änderungen in der
Szene korrekt im Modell übernommen werden. Blenden wir die
World-in-Miniature aus löschen wir das Offset-Objekt mit Hilfe
von `Destroy`.

Wollen wir eine große Anzahl von Objekten in die World-in-
Miniature aufnehmen ist das beschriebene Vorgehen eine poten-

Abb. 2.22 Die in der
Komponente `WiM`
erzeugte Hierarchie zur
Laufzeit der Anwendung

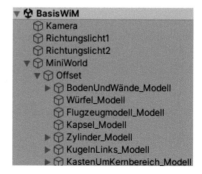

Abb. 2.23 Ein Objekt mit dem Tag `MiniWorld`, das in die Miniatur-Darstellung aufgenommen werden soll

zielle Fehlerquelle. Hier empfiehlt es sich alle Objekte, die in der Miniatur-Darstellung auftreten sollen in einer Hierarchie zu sammeln, die wir dann mit einer einzigen Anweisung in die Liste aufnehmen können. Eine Alternative dazu ist die Verwendung von *Tags*. Wir erzeugen einen neuen Eintrag in der Liste der Tags, zum Beispiel `MiniWorld`. In Abb. 2.23 sehen wir den Einsatz dieses Tags für das Objekt `Würfel`.

Wir verändern die Klasse `WiM` und tragen den gewünschten Tag ein. Statt die Liste zu traversieren fragen wir die Objekte in der Szene ab und erzeugen mit Hilfe des Tags eine Liste. Dabei verwenden wir die Klasse `SceneManager` um die Szene zu öffnen. Anschließend können wir mit `GetRootGameObjects` der Klasse `Scene` die Objekte in der Szene abfragen und filtern.

Werfen wir einen Blick auf das Ergebnis in Abb. 2.20 sieht das Modell korrekt aus. Für die Darstellung des Modells wurde ein leeres GameObject erzeugt und die Komponente `WiM` hinzugefügt. Die Orientierung dieses Objekts ist parallel zu den Weltkoordinatenachsen, als Offset wird der Nullvektor verwendet. Protokollieren wir die Koordinaten der Objekte und der Kopien, können wir uns von der Korrektheit des Modells überzeugen. Dazu verwenden wir eine der Lösungen aus Abschn. 2.4 und erzeugen eine CSV-Datei mit den Namen und den Koordinaten. Die folgenden Zeilen sind ein Ausschnitt aus diesem Protokoll:

Protokoll der Erstellung der World-in-Miniature

```
BodenUndWände;0; 0; 0
BodenUndWände_Modell;0,25; 1,3; -1
Würfel;2; 0,5; 2
Würfel_Modell;0,45; 1,35; -0,8
```

◀

Das Objekt `BodenUndWände` ist eine Hierarchie, deren lokales Koordinatensystem im Ursprung des Weltkoordinatensystems liegt. In der Szene hatte das Objekt `MiniWorld` mit der Komponente `WiM` die Position $(0.25, 1.3, -1.0)$. Ziehen wir diese Werte von der Position des Objekts `BodenUndWände_Modell` ab erhalten wir den Ursprung. Das Objekt `Würfel` hat die Koordinaten $(2, 0.5, 2)$ und im Modell finden wir die Koordinaten $(0.45, 1.35, -0.8)$. Für die Überprüfung dieses Ergebnisses müssen wir den verwendeten Skalierungsfaktor berücksichtigen, der bei dieser Durchführung bei 0.1 lag. Erzeugen wir das Modell im Ursprung des Weltkoordinatensystems erwarten wir die Modellkoordinaten $(0.2, 0.05, 0.2)$. Subtrahieren wir von den Koordinaten des Modells die Position des Objekts `MiniWorld` erhalten wir genau dieses korrekte Ergebnis:

$$(0.45, 1.35, -0.8) - (0.25, 1.3, -1) = (0.2, 0.05, 0.2).$$

Verändern wir die Szene müssen wir unsere Berechnungen neu überprüfen, was eine Fehlerquelle darstellt. Wir müssen eine bessere Lösung für die Qualitätssicherung finden.

Seit Kent Beck das Buch „Test-Driven Development" [9] veröffentlicht hat, spielen Unit-Tests eine wichtige Rolle in der Software-Entwicklung. Das erste Test-Framework war JUnit, das mit Java eingesetzt werden kann. Aus JUnit ist eine ganze Familie von Lösungen für verschiedene Programmiersprachen entstanden, die unter dem Begriff xUnit zusammengefasst werden. Microsoft bietet das Werkzeug MSTest [51], und für das Testen von .NET-Sprachen gibt es xUnit.net oder NUnit [63, 104]. In Unity gibt es bereits seit den Versionen aus dem Jahr 2017 die Möglichkeit Unit-Tests auszuführen. In diesen Versionen gab es den *Unity Test Runner*. Inzwischen finden wir Unit-Tests im Package *Unity Test Framework*, kurz *UTF* [85]. Wir können die Unit-Tests auf verschiedenen Plattformen ausführen. Das Package bietet alle Möglichkeiten, die NUnit bietet. Darüber hinaus erhalten wir die Möglichkeit Szenen und Komponenten zu testen, sogar während der Ausführung.

Wir verwenden den Package Manager von Unity und fügen das UTF-Package zu unserem Projekt hinzu. Anschließend können

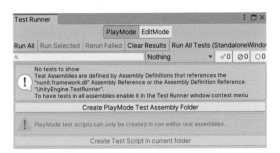

Abb. 2.24 Das Fenster TestRunner in Unity

wir mit `Window` → `General` → `Test Runner` ein Fenster
wie in Abb. 2.24 öffnen, mit dem wir Unit-Tests anlegen und
insbesondere starten können. Wir können im `EditMode` oder im
`PlayMode` testen. Tests im `EditMode` können wir durchführen
ohne in den Play-Mode zu wechseln – also ohne eine Anwendung
auszuführen. Die Laufzeit der Tests im `Edit Mode` ist deshalb
deutlich geringer.

Wir bleiben im Edit Mode. Dort finden wir den Button
`Create EditMode TestAssembly Folder`. Damit
erzeugen wir eine Assembly für die Durchführung der Tests.
Sinnvoll ist es dieses Verzeichnis in `Assets` zu erzeugen.
Betätigen wir den Button wird das Verzeichnis erzeugt und
darin eine Assembly angelegt. Die Tests, die wir anschließend
implementieren legen wir in diesem Verzeichnis ab.

In der Basis-Szene finden wir eine Ebene mit dem Namen
`Boden` und einen Würfel mit dem Namen `Würfel`, der als
Position die Werte (1.5, 1.0, 1.0) hat. Statt die Ergebnisse auf
der Basis eines Protokolls zu überprüfen verwenden wir Unit-
Tests. Wir legen einen ersten Test an und verwenden den Button `Create Test Script in Current Folder`. Damit
erzeugen wir eine neue C#-Klasse, in der bereits leere Tests
enthalten sind. Wir öffnen diese Datei und verändern den Namen
der Klasse zu `Floor`. Als ersten Test überprüfen wir, ob das
Objekt `Boden` in der Szene vorhanden ist. Dafür löschen wir
alles in der vorbereiteten Klasse bis auf die Funktion, die mit
dem Attribut `[Test]` versehen ist. Diese Funktion nennen wir

in `FloorTest` um. Für den ausgegebenen Text verwenden wir
„`Noch nichts implementiert!`". Dann haben wir den
folgenden Quellcode vor uns:

Der erste Unit-Test

```
public class Floor
{
    [Test]
    public void FloorTest()
    {
        NUnit.Framework.Assert.Fail
            ("Noch nichts implementiert!");
    }
}
```

◄

Der Test schlägt fehl, dafür sorgen wir mit der Funktion
`Fail`. Wählen wir im `TestRunner`-Fenster `Run All` oder
`Run Selected` aus, finden wir nach der Durchführung im
Fenster `TestRunner` die Information, dass die Funktion
`FloorTest` ausgeführt wurde. Ist ein Test bestanden finden
wir einen grünen Haken am Test. Hier sorgt `Fail` dafür, dass wir
einen Fehlschlag vorfinden.

Damit wir überprüfen können, ob ein Objekt existiert müssen
wir vor der Implementierung des Tests dafür sorgen, dass die Test-
Klasse das Objekt kennt. Dazu implementieren wir eine Funktion
`UnitySetup`, in der wir in der geöffneten Szene nach einem
Objekt mit dem Bezeichner `Boden` suchen. Das Ergebnis legen
wir auf einer Instanz der Klasse `GameObject` ab:

Vorbereitungen für den Test einer Szene

```
[UnitySetUp]
public IEnumerator UnitySetup()
{
    yield return null;
    m_Floor = GameObject.Find("Boden");
}
```

◄

Das `yield`-Statement bei der Funktion `UnitySetup` ist wichtig um sicher zustellen, dass die Objekte in der Szene vorhanden sind. Wir werden darauf bei Tests im `Play Mode` noch näher eingehen.

Jetzt können wir den Test in der Funktion `FloorTest` durchführen. Wir verwenden dazu die Funktion `Assert. NotNull` in NUnit. Ist das Objekt in der Szene enthalten wird der Test bestanden.

Test der Existenz von GameObjects

```
[Test]
public void FloorTest()
{
    NUnit.Framework.Assert.NotNull(m_Floor);
}
```
◀

Wir können mit Funktionen aus der Klasse `Assert` nicht nur die Existenz eines Objekts überprüfen, sondern auch Werte in einer Klasse testen. Mit der Funktion `AreEqual` vergleichen wir Arrays. Hier ist der Vergleich erfolgreich falls die beiden Arrays die gleiche Dimension aufweisen und alle Komponenten übereinstimmen. Für Positionen und andere Vektoren in Unity verwenden wir den Datentyp `Vector3`, dessen Komponenten vom Typ `float` sind. In `UnityEngine.TestTools.Utils` finden wir dazu Klassen wie `Vector3EqualityComparer`, die es uns ermöglichen Tests mit den Klassen aus Unity zu implementieren. Wir erzeugen eine Instanz dieser Klasse im Konstruktor unserer Test-Klasse:

Vergleich von Vector3

```
var m_Accuracy = 0.001f;
comparer = new Vector3EqualityComparer(m_Accuracy);
```
◀

Damit können wir einen Test durchführen, der überprüft, ob das Objekt `Würfel` die korrekte Position besitzt. Wie bereits für den Boden implementieren wir eine Funktion `UnitySetup` und suchen nach dem Objekt in der geöffneten Szene. Diese Instanz legen wir auf der Variable `m_Cube` ab. Im Test vergleichen wir die aktuelle Position mit der erwarteten Position, die wir im Konstruktor der Testklasse mit Werten versorgt haben.

Test der Position eines Objekts

```
[Test]
public void CubePosition()
{
    NUnit.Framework.Assert.That(m_Cube.transform.position,
        Is.EqualTo(m_ExpectedPosition).Using(m_Comparer));
}
```

◀

Falls wir Tests durchführen möchten, die unabhängig von einer Szene sind gibt es analog zu `UnitySetup` das Attribut `Setup`. Solche Funktionen werden vor der Ausführung aller Unit-Tests ausgeführt. Abschließend können wir mit einer Funktion, die das Attribut `TearDown` besitzt Destruktoren aufrufen und die Tests sinnvoll abschließen. Eine Klasse die Unit-Tests enthält wird in NUnit als *Test Fixture* bezeichnet. Dazu verwenden wir das Attribut `TestFixture` für die Klasse. Diese Kennzeichnung ist optional, kann also weggelassen werden. Jede Klasse mit einer Funktion mit einem Attribut `Test`, `TestCase` oder `TestCaseSource` wird als eine Fixture behandelt. Implementieren wir einen Default-Konstruktor, dann müssen wir dafür Sorge tragen, dass er keine Seiteneffekte hat, denn es wird von NUnit nicht garantiert, dass der Konstruktor mehr als einmal aufgerufen wird. Wir können eine Test Fixture parametrisieren. Damit ist gemeint, dass wir ein Attribut einsetzen dem wir Werte übergeben, die anschließend im Konstruktor der Test-Klasse eingesetzt werden können.

Parametrisierter Test

```
[TestFixture(0.001, 2.0, 0.5, 2.0)]
[TestFixture(0.001, 2.1, 0.7, 2.8)]
public class ParametrizedTest
{
    public ParametrizedTest(double t1)
    {
        m_Accuracy = t1;
        var m_ExpectedPosition = new Vector3(t2 ,t3, t4);
    }
}
```
◄

Diese Lösung sorgt dafür, dass die Klasse `Parametrized Test` zweimal instanziiert wird, denn wir haben zwei Datensätze für den Test angegeben. Neben dieser Möglichkeit die komplette Test-Klasse zu parametrisieren können wir dies analog für einzelne Test-Funktionen durchführen. Hier finden wir die Alternativen `TestCase` und `ValueSource`. Für die Durchführung von Tests in Unity setzen wir `ValueSource` ein. Wir erstellen eine Liste mit Namen und überprüfen anschließend, ob es diese Objekte in der Szene gibt:

Parametrisierte Test-Funktion mit ValueSource

```
public class ObjectsTest
{
    static string[] name = new string[] {
        "Kapsel",
        "Würfel",
        "Flugzeugmodell",
        "ZylinderRechtsHinten"
    };
    [Test]
    public void ObjectExists([ValueSource("name")]
                             string name)
    {
        NUnit.Framework.Assert.NotNull(name);
    }
}
```
◄

Unit Tests in CI- oder CD-Pipelines

Tests machen in einer CI- oder CD-Pipeline sehr viel Sinn. In diesem Fall führen wir die Tests in einer Shell durch, ohne den Unity-Editor zu starten. Ist Unity im System-Pfad enthalten und haben wir ein Verzeichnis für die Testergebnisse angelegt, dann geben wir den Pfad des Unity-Projekts beim Aufruf an und verwenden Optionen beim Aufruf von Unity:

```
Unity.exe -runTests -batchmode -projectPath <ProjektPfad>
    -testPlatform PlayMode
    -testResults <Ausgabe-Datei>
```

Mit der Option `testPlatform` können wir einstellen, dass wir nicht nur die als Default ausgeführten Tests in EditMode ausführen. Mit weiteren Optionen in der Kommandozeile können wir gezielt Tests auswählen und die Ausführung auf diese beschränken. Die Testergebnisse finden wir in der angegebenen Datei. Wir erhalten Ausgaben im XML-Format:

```
<test-case id="1003" name="FloorTest"
        fullname="Floor.FloorTest"
        methodname="FloorTest"
        classname="Floor"
        runstate="Runnable"
        seed="1709876245"
        result="Passed">
</test-case>
```

◀

Mit dem Attribut `UnityTest` können wir Tests implementieren, die entweder eine Szene im Quelltext aufbauen oder eine im Assets-Verzeichnis des Projekts zu findende Szene laden. Im Folgenden werden wir den Fall einer im Projekt vorhandenen Szene im Unity-Projekt betrachten. Aber es macht genauso viel Sinn in der Test-Klasse Instanzen von `GameObject` zu erzeugen und die Szene im Test selbst aufzubauen. Dazu wechseln wir bei den Tests in den `PlayMode`. Jetzt wird eine Anwendung gestartet und wir können darin Tests ausführen.

EditMode und PlayMode

Falls wir die Wahl zwischen einem Test im `EditMode` oder im `PlayMode` haben, wählen wir `EditMode`, da diese Tests deutlich schneller ablaufen! ◄

Wir müssen berücksichtigen, dass im `PlayMode` die Anwendung die Event-Funktionen wie `Update` oder `Fixed-Update` in der bereits beschriebenen Reihenfolge aufruft. Deshalb haben Funktionen, die mit `UnityTest` gekennzeichnet sind als Rückgabe-Typ `IEnumerator`. Das bedeutet wir implementieren *Coroutines*. Mit Hilfe von `yield return` können wir in einer Coroutine Zusicherungen für Elemente der Szene, insbesondere für Objekte, ausführen.

Szenen und Build Settings

Im `EditMode` gehen wir davon aus, dass die getestete Szene geladen ist. Im `PlayMode` laden wir eine Szene. Damit dies gelingt müssen wir darauf achten, dass diese Szene in den *Build Settings* des Projekts enthalten ist! ◄

Wir hatten uns mit Hilfe von Protokoll-Ausgaben davon überzeugt, dass die Koordinaten der Modell-Objekte in der World-in-Miniature korrekt berechnet worden sind. Dabei war der Offset der Nullvektor und das Objekt mit der Komponente `WiM` hatte eine Orientierung parallel zum Weltkoordinatensystem. An dieser Stelle hatten wir die Berechnungen mit Hilfe eines Protokolls durchgeführt, denn die Modelle existieren nur während der Ausführung der Anwendung. Wir laden die Szene in einer Funktion, die das Attribut `OneTimeSetUp` besitzt und ersetzen die Protokollausgaben durch Unit-Tests:

Laden einer Szene für einen Test

```
[OneTimeSetUp]
public void OneTimeSetup()
{
        SceneManager.LoadScene(
```

```
                    "Assets/Scenes/TestsWiM.unity",
                    LoadSceneMode.Single);
}
```

◀

Wir könnten das zweite Argument für die Funktion
LoadScene weglassen, da hier der Default übergeben wird.
Damit geben wir an, dass die geladene Szene die aktuell
verwendete Szene komplett ersetzt. Wir könnten die neue Szene
auch zu der aktuellen Szene hinzufügen.

In einem ersten Test überprüfen wir, ob für ein Objekt in
der Szene das dazugehörige Modell enthalten ist. Wir führen
wieder eine Funktion mit dem Attribut {UnitySetup] aus
und verbinden die Variable m_Miniworld mit dem Objekt
MiniWorld in der geöffneten Szene. Wir könnten die ganze
Liste der Objekte, die wir in das Modell aufnehmen möchten
testen, aber darauf verzichten wir und verwenden ein Array mit
Namen als ValueSource für die Tests. Bei der Erzeugung des
Modells verwenden wir bereits eine Klasse WiMUtilities,
in der wir die Funktionen für die Namensvergabe implementiert
haben. Wir suchen nach dem Modellobjekt und überzeugen uns,
dass dieses existiert:

Existenz der Modell-Objekte

```
static string[] name = new string[] {"Kapsel",
        "Würfel",
        "Flugzeugmodell",
        "Zylinderlinks1",
        "KugelLinksVorneKlein2"
};
[UnityTest]
public IEnumerator ModelObjectPairsExist(
                    [ValueSource("name")] string name)
{
  var obj = GameObject.Find(name);
  NUnit.Framework.Assert.NotNull(obj);
  var model = GameObject.Find(
          WiMUtilities.BuildModelName(name) );
  NUnit.Framework.Assert.NotNull(model);
```

```
    yield return null;
}
```
◀

Die Klasse `WiM` besitzt eine Methode `Refresh`. Damit können wir eine neue Version der Modelle erstellen, für den Fall,
dass sich die Weltkoordinaten eines Objekts in der Szene verändert haben. Wir führen diese Funktion aus, warten auf die
Ausführung der Event-Funktion `FixedUpdate` und überprüfen
anschließend, ob das zugehörige Modell-Objekt existiert:

Modell-Objekte nach Aufruf von Refresh()

```
[UnityTest]
public IEnumerator ModelObjectPairsExistAfterRefresh(
    [ValueSource("name")] string name)
{
    var obj = GameObject.Find(name);
    NUnit.Framework.Assert.NotNull(obj);
    m_MiniWorld.GetComponent<WiM>().Refresh();
    yield return new WaitForFixedUpdate();
    var model = GameObject.Find(
        WiMUtilities.BuildModelName(name)
        );
    NUnit.Framework.Assert.NotNull(model);
    yield return null;
}
```
◀

Da wir die Funktion `Instantiate` verwenden und den
Maßstab als Skalierung in das von uns erzeugte Objekt `Offset`
speichern, finden wir in den Objekten des Modells als Positi-
on im lokalen Koordinatensystem die Position des zugehörigen
Szenen-Objekts. Auch dafür können wir einen entsprechenden
Test implementieren:

Lokale Koordinaten der Modell-Objekte

```
[UnityTest]
public IEnumerator LocalModelPositions(
    [ValueSource("name")] string name)
```

```
{
  var obj = GameObject.Find(name).transform;
  var objectPos = obj.position;
  var model = GameObject.Find(
  WiMUtilities.BuildModelName(name));
  var modelPos = model.transform.localPosition;
  NUnit.Framework.Assert.That(objectPos,
     Is.EqualTo(modelPos).Using(m_Comparer));
  yield return null;
}
```

◄

Als Abschluss führen wir die Tests durch, die wir bereits mit Hilfe eines Protokolls durchgeführt hatten. Statt die lokalen Koordinaten der Modellobjekte zu verwenden setzen wir jetzt die Weltkoordinaten ein. Dazu implementieren wir in der Klasse `WiMUtilities` die Funktion `WorldToModel`, in der die Position der Modell-Objekte aus der Position der Szenen-Objekte berechnet wird. Wir können diese Berechnungen auch umkehren und aus den Weltkoordinaten der Modell-Objekte die der Szenen-Objekte rekonstruieren. Diese Berechnungen finden wir in der Funktion `ModelToWorld`. Mit diesen beiden Funktionen können wir weitere Tests implementieren.

Wir führen als Abschluss Tests im PlayMode für die Klasse `FollowTheTarget` aus. Bei den Tests konzentrieren wir uns auf die Bewegungen der beiden Objekte. Das Objekt `Follower` muss sich in Richtung des verfolgten Objekts bewegen. Wie schon in den bisherigen Tests stellen wir die Verbindung zu den beiden Objekten her. Wir fragen dazu die Position der beiden Objekte ab und berechnen den euklidischen Abstand. Anschließend warten wir auf die Event-Funktion `FixedUpdate` und berechnen den Abstand neu. Ist in der Szene alles korrekt implementiert muss dieser Abstand kleiner sein als zu Beginn:

Test des Verfolgers

```
[UnityTest]
public IEnumerator FollowerMoves()
{
    yield return null;
```

```
var posPlayer = m_Player.transform.position;
var posFollower = m_Follower.transform.position;
var distance = (posPlayer - posFollower).magnitude;

yield return new WaitForFixedUpdate();
posPlayer = m_Player.transform.position;
posFollower = m_Follower.transform.position;
var distance2 =(posPlayer - posFollower).magnitude;
NUnit.Framework.Assert.That(distance2,
                      LessThan(distance));
}
```

◄

Führen wir die Anwendung aus, können wir wie bereits er-
wähnt das verfolgte Objekt mit Hilfe von Actions bewegen.
Diese Interaktion hatten wir mit dem Package `Input System`
realisiert.

Verwenden des Package Input System in den Tests

- Damit der Namespace für das Input System in den
  Tests aufgelöst werden kann, fügen wir die Assemblies
  `Unity.InputSystem` und `Unity.InputSystem.-`
  `Test` bei den *Assembly Definition References* hinzu.
- Wir müssen zusätzlich die Datei `manifest.json` im
  Verzeichnis `Packages` verändern. Wir fügen unterhalb
  von `dependencies` den Eintrag

  ```
  "testables": "com.unity.inputsystem"
  ```

  ein. Achten Sie unbedingt darauf, in der Zeile oberhalb
  davon ein Komma einzufügen! ◄

Wir möchten den beschriebenen Test möglichst ohne Eingaben
auf der Tastatur oder der Maus ausführen. Dazu implementieren
wir im Test das Interface `InputTestFixture` und erzeugen damit virtuelle Eingaben. Wir implementieren die `Setup`-
Funktion des Interface und verwenden eine Instanz der Klasse
`Keyboard`:

Setup des Input-Tests

```
public override void Setup()
{
    base.Setup();
    keyboard = InputSystem.AddDevice<Keyboard>();
}
```
◄

Wir haben eine virtuelle Tastatur erzeugt, für die wir mit Funktionen wie `Press` oder `Release` Eingaben simulieren können. Der folgende Test überprüft, ob wir mit der Cursor-Taste nach links eine Bewegung in die negative x-Richtung hervorrufen:

Test mit virtuellen Eingaben

```
[UnityTest]
public IEnumerator IsPlayerMovingToTheLeft()
{
        yield return null;
        var xPlayer = m_Player.transform.position.x;
        Press(keyboard.leftArrowKey);
        yield return new WaitForSeconds(0.1f);
        Release(keyboard.leftArrowKey);
        yield return new WaitForSeconds(0.1f);
        var xPlayer2 = m_Player.transform.position.x;

        NUnit.Framework.Assert.That(xPlayer2,
                    Is.LessThan(xPlayer));
}
```
◄

Analog implementieren wir weitere Tests für die Bewegung in die anderen drei Richtungen. Bei der Implementierung der beschriebenen Funktion ist natürlich wichtig, dass die Bindings in unserem Projekt korrekt definiert sind.

Do it yourself!

2.6 (Realisierung der World-in-Miniature) Implementieren
Sie eine Komponente, die eine Menge von Objekten in der Basis-
Szene als eine World-in-Miniature erzeugt. Nehmen Sie dabei die
folgenden Objekte in das Modell auf:

- `Würfel`,
- `Kapsel`,
- `Flugzeugmodell`,
- `BodenUndWände`,
- `Zylinder`,
- `KugelnLinks`,
- KastenUmKernbereichl.

Protokollieren Sie die Koordinaten der Objekte, die in das Modell
aufgenommen werden, und die Positionen ihrer Kopien und
überzeugen Sie sich davon, dass ihre Implementierung korrekte
Modell-Koordinaten berechnet!

Literatur

1. Ablett, D., Cunningham, A., Lee, G.A., Thomas, B.H.: Portal rendering
   and creation interactions in virtual reality. In: 2022 IEEE International
   Symposium on Mixed and Augmented Reality (ISMAR), S. 160–168
   (2022). https://doi.org/10.1109/ISMAR55827.2022.00030
2. AiUnity: Nlog logger powerful logging framework. https://assetstore.
   unity.com/packages/tools/utilities/nlog-logger-powerful-logging-frame
   work-78220. Zugegriffen am 14.06.2022
3. Al Zayer, Majed, MacNeilage, Paul, Folmer, Eelke: Virtual locomotion:
   a survey. IEEE Trans. Vis. Comput. Graph. **26**(6), 2315–2334 (2020).
   https://doi.org/10.1109/TVCG.2018.2887379
4. Amat, C.: Advanced logging in unity with log4net. https://www.
   linkedin.com/pulse/advanced-logging-unity-log4net-charles-amat. Zugegriffen am 17.06.2022
5. Apache Software Foundation: What is Apache log4net. https://logging.
   apache.org/log4net/. Zugegriffen am 02.06.2022
6. Azmandian, M.: The redirected walking toolkit. https://github.com/
   USC-ICT-MxR/RDWT. Zugegriffen am 23.02.2023

7. Azmandian, M., Grechkin, T., Bolas, M., Suma, E.: The redirected walking toolkit: a unified development platform for exploring large virtual environments. In: 2016 IEEE 2nd Workshop on Everyday Virtual Reality (WEVR), S. 9–14 (2016). https://doi.org/10.1109/WEVR.2016.7859537

8. Azmandian, M., Yahata, R., Bolas, M., Suma, E.: An enhanced steering algorithm for redirected walking in virtual environments. In: 2014 IEEE Virtual Reality (VR), S. 65–66 (2014). https://doi.org/10.1109/VR.2014.6802053

9. Beck, Kent: Test-Driven Development by Example. Addison-Wesley (2003)

10. Boysen, Y., Husung, M., Mantei, T., Müller, L.M., Schimmelpfennig, J., Uzolas, L., Langbehn, E.: Scale & Walk: Evaluation von skalierungsbasierten Interaktionstechniken zur natürlichen Fortbewegung in VR. In: Dachselt, R., Weber, G. (Hrsg.) Mensch und Computer 2018 – Tagungsband. Gesellschaft für Informatik e.V., Bonn (2018). https://doi.org/10.18420/muc2018-mci-0219

11. Brill, Manfred: Repository Virtual Reality Kompakt. https://github.com/MBrill/VRKompakt. Zugegriffen am 28.04.2023

12. Brill, Manfred: Website zu Virtual Reality Kompakt. https://mbrill.github.io/VRKompakt/index.html. Zugegriffen am 28.04.2023

13. Brill, Manfred: Virtuelle Realität. Springer, Berlin (2009)

14. Brooks, Frederick: What's real about virtual reality? IEEE Comput. Graph. Appl. **19**(6), 16–27 (1999)

15. Conn, Coco, Lanier, Jaron, Minsky, Margaret, Fisher, Scott, Druin, Allison: Virtual environments and interactivity: Windows to the future. SIGGRAPH Comput. Graph. **23**(5), 7–18 (1989). https://doi.org/10.1145/77277.77278

16. Coomer, N., Bullard, S., Clinton, W., Williams, B.: Evaluating the effects of four VR locomotion methods: joystick, arm-cycling, point-tugging, and teleporting. In: Proceedings of the 15th ACM Symposium on Applied Perception, S. 1–8. ACM (2018). https://doi.org/10.1145/3225153.3225175

17. Cruz-Neira, C., Sandin, D.J., DeFanti, T.A., Kenyon, R.V., Hart, J.C.: The CAVE: audio visual experience automatic virtual environment. Commun. ACM **35**(6), 64–72 (1992)

18. Cruz-Neira, C., Sandin, D.J., DeFanti, T.A.: Surround-screen projection-based virtual reality: the design and implementation of the CAVE. In: SIGGRAPH '93: Proceedings of the 20th Annual Conference on Computer Graphics and Interactive Techniques, S. 135–142. ACM, Anaheim (1993)

19. Darken, R.P., Cockayne, W.R., Carmein, D.: The omni-directional treadmill: a locomotion device for virtual worlds. In: UIST '97: Proceedings of the 10th Annual ACM Symposium on User Interface Software and Technology, S. 213–221. Banff (1997)

20. De Luca, A., Mattone, R., Robuffo Giordano, P., Ulbrich, H., Schwaiger, M., Van den Bergh, M., Koller-Meier, E., Van Gool, L.: Motion control of the cybercarpet platform. IEEE Trans. Control Syst. Technol. **21**(2), 410–427 (2013). https://doi.org/10.1109/TCST.2012.2185051
21. DIN ISO 33402-2:2005-12: Körpermaße des Menschen Teil 2 – Ergonomie. Beuth (2005). https://doi.org/10.31030/9655264
22. Dodgson, Neil A.: Variation and extrema of human interpupillary distance. In: Stereoscopy Displays and Virtual Reality Systems XI. **5291**, 36–46 (2004)
23. Dörner, R., Broll, W., Grimm, P., Jung, B.: Virtual und Augmented Reality (AR/VR), 2. Aufl. Springer Vieweg, Wiesbaden (2019)
24. Epic Games: Unreal engine—the world's most open and advanced real-time 3D creation tool. https://www.unrealengine.com/en-US. Zugegriffen am 22.08.2022
25. Feasel, J., Whitton, M.C., Wendt, J.D.: LLCM-WIP: Low-Latency, Continuous-Motion Walking-in-Place. In: Proceedings of the 2008 IEEE Symposium on 3D User Interfaces, 3DUI '08, S. 97–104. IEEE Computer Society (2008). https://doi.org/10.1109/3DUI.2008.4476598
26. Gamma, E., Helm, R., Johnson, R., Vlissides, J.: Design Patterns. Elements of Reusable Object-Oriented Software. Addison Wesley, Boston (1994)
27. Gülcü, A.E., Atalay, F.B.: Infinite spaces using recursive portals. In: 2022 7th International Conference on Computer Science and Engineering (UBMK), S. 332–337 (2022). https://doi.org/10.1109/UBMK55850.2022.9919479
28. Google: Google Cardboard XR Plugin for Unity. https://github.com/googlevr/cardboard-xr-plugin. Zugegriffen am 04.03.2023
29. Google VR: Jetzt bis du dran! https://arvr.google.com/intl/de_de/cardboard/manufacturers/. Zugegriffen am 11.01.2023
30. Grechkin, T., Thomas, J., Azmandian, M., Bolas, M., Suma, E.: Revisiting detection thresholds for redirected walking: Combining translation and curvature gains. In: Proceedings of the ACM Symposium on Applied Perception, SAP '16, S. 113–120. Association for Computing Machinery, New York, NY, USA (2016). https://doi.org/10.1145/2931002.2931018
31. Grosjean, J., Burkhardt, J.-M., Coquillart, S., Richard, P.: Evaluation of the command and control cube. In: Proceedings of the 4th IEEE International Conference on Multimodal Interfaces, ICMI '02, S. 473. IEEE Computer Society, USA (2002). https://doi.org/10.1109/ICMI.2002.1167041
32. Grosjean, J., Coquillart, S.: Command and Control Cube: a Shortcut Paradigm for Virtual Environments. In: Froehlich, B., Deisinger, J., Bullinger, H.J. (Hrsg.) Eurographics Workshop on Virtual Environments. The Eurographics Association (2001). https://doi.org/10.2312/EGVE/EGVE01/001-012

33. Hashemian, A.M., Adhikari, A., Kruijff, E., Heyde, M.v.d., Riecke, B.E.: Leaning-based interfaces improve ground-based VR locomotion in reach-the-target, follow-the-path, and racing tasks. IEEE Trans. Vis. Comput. Graph. **29**(3), 1748–1768 (2023). https://doi.org/10.1109/TVCG.2021.3131422

34. Hashemian, A.M., Lotfaliei, M., Adhikari, A., Kruijff, E., Riecke, B.E.: HeadJoystick: improving flying in VR using a novel leaning-based interface. IEEE Trans. Vis. Comput. Graph. **28**(4), 1792–1809 (2022). https://doi.org/10.1109/TVCG.2020.3025084

35. HTC Corporation: VIVE Wave XR Plugin. https://hub.vive.com/storage/docs/en-us/UnityXR/UnityXRSdk.html. Zugegriffen am 25.04.2023

36. HTC Corporation: Welcome to Vive Input Utility. https://github.com/ViveSoftware/ViveInputUtility-Unity/wiki. Zugegriffen am 04.04.2023

37. Huang, J.Y.: An omnidirectional stroll-based virtual reality interface and its application on overhead crane training. IEEE Trans. Multimedia **5**(1), 39–51 (2003). https://doi.org/10.1109/TMM.2003.808822

38. Interrante, V., Ries, B., Anderson, L.: Seven League Boots: a new metaphor for augmented locomotion through large scale immersive virtual environments. In: In Proceedings of IEEE Symposium on 3D User Interfaces (3DUI). IEEE Computer Society, Charlotte (2007)

39. Khronos Group: Khronos OpenXR Registry. https://registry.khronos.org/OpenXR/. Zugegriffen am 14.12.2022

40. Khronos Group: OpenXR API documentation project. https://github.com/KhronosGroup/OpenXR-Docs. Zugegriffen am 14.12.2022

41. Khronos Group: Openxr SDK project. https://github.com/KhronosGroup/OpenXR-SDK. Zugegriffen am 14.12.2022

42. Kwon, S.U., Jeon, S.B., Hwang, J.Y., Cho, Y.H., Park, J., Lee, I.K.: Infinite virtual space exploration using space tiling and perceivable reset at fixed positions. In: 2022 IEEE International Symposium on Mixed and Augmented Reality (ISMAR), S. 758–767 (2022). https://doi.org/10.1109/ISMAR55827.2022.00094

43. Langbehn, E., Lubos, P., Bruder, G., Steinicke, F.: Bending the curve: sensitivity to bending of curved paths and application in room-scale VR. IEEE Trans. Vis. Comput. Graph. **23**(4), 1389–1398 (2017). https://doi.org/10.1109/TVCG.2017.2657220

44. Langbehn, E., Husung, M.: Of portals and orbs: an evaluation of scene transition techniques for virtual reality. In: Mensch und Computer 2019. https://doi.org/10.1145/3340764.3340779

45. LaViola, J., Kruijff, E., McMahan, R., Bowman, D., Poupyrev, I.: 3D User Interfaces, 2. Aufl. Addison Wesley, Boston (2017)

46. Li, Y.J.: OpenRDW. https://github.com/yaoling1997/OpenRDW. Zugegriffen am 23.02.2023

47. Li, Y.J.: Awesome-redirected walking. https://github.com/yaoling1997/
    Awesome-RDW (2023). Zugegriffen am 23.02.2023
48. Li, Y.J., Wang, M., Steinicke, F., Zhao, Q.: OpenRDW: A Redirec-
    ted Walking Library and Benchmark with Multi-User, Learning-based
    Functionalities and State-of-the-art Algorithms. In: 2021 IEEE Inter-
    national Symposium on Mixed and Augmented Reality (ISMAR), S.
    21–30 (2021). https://doi.org/10.1109/ISMAR52148.2021.00016
49. Lisle, L., Lu, F., Davari, S., Tahmid, I.A., Giovannelli, A., Ilo, C.,
    Pavanatto, L., Zhang, L., Schlueter, L., Bowman, D.A.: Clean the Ocean:
    An Immersive VR Experience Proposing New Modifications to Go-Go
    and WiM Techniques. In: 2022 IEEE Conference on Virtual Reality
    and 3D User Interfaces Abstracts and Workshops (VRW), S. 920–921
    (2022). https://doi.org/10.1109/VRW55335.2022.00311
50. Macedo, V.: Head-Mounted displays – Messung räumlicher Präzision
    bei   VR-Trackingsystemen.   https://www.vdc-fellbach.de/fileadmin/
    user_upload/Applikationszentrum_VAR_-_Bericht__04_2_-_AP2_-_
    Werkstattbericht__02_-_Messung_VR-Tracking-Praezision_-_Update.
    pdf
51. Microsoft: MSTest.exe command line options. https://msdn.microsoft.
    com/de-de/library/ms182489(v=vs.120).aspx.   Zugegriffen   am
    12.08.2022
52. Microsoft: OpenXR Samples for Mixed Reality Developers. https://
    github.com/microsoft/OpenXR-MixedReality.   Zugegriffen   am
    18.02.2023
53. Microsoft: Protokollierung in .NET. https://docs.microsoft.com/de-DE/
    dotnet/core/extensions/logging?tabs=command-line. Zugegriffen am
    14.12.2022
54. Microsoft Corporation: A Tour of the C# Language. https://learn.
    microsoft.com/en-us/dotnet/csharp/tour-of-csharp/. Zugegriffen am
    26.02.2023
55. Microsoft Corporation: C++ → C#: What You Need to Know to Move
    from C++ to C# (2001). https://learn.microsoft.com/en-us/archive/
    msdn-magazine/2001/july/c-csharp-what-you-need-to-know-to-move-
    from-c-to-csharp. Zugegriffen am 26.02.2023
56. Microsoft Corporation: Csharp for java developers—cheat sheet
    (2011). https://download.microsoft.com/download/D/E/E/DEE91FC0-
    7AA9-4F6E-9FFA-8658AA0FA080/CSharp for Java Developers -
    Cheat Sheet.pdf. Zugegriffen am 26.02.2023
57. MiddleVR: Virtual reality for professionals. http://www.middlevr.com/
    home/. Zugegriffen am 03.06.2022
58. Milgram, P., Kishino, F.: A taxonomy of mixed reality visual displays.
    IEICE Trans. Inf. Syst. **E77-D**(12), 1321–1329 (1994)
59. Nabiyouni, M., Bowman, D.A.: A taxonomy for designing walking-
    based locomotion techniques for virtual reality. In: Proceedings of the
    2016 ACM Companion on Interactive Surfaces and Spaces, ISS '16

Companion, pp. 115–121. Association for Computing Machinery, New York, NY, USA (2016). https://doi.org/10.1145/3009939.3010076

60. Nilsson, N.C., Peck, T., Bruder, G., Hodgson, E., Serafin, S., Whitton, M., Steinicke, F., Rosenberg, E.S.: 15 years of research on redirected walking in immersive virtual environments. IEEE Comput. Graph. Appl. **38**(2), 44–56 (2018). https://doi.org/10.1109/MCG.2018.111125628

61. Nilsson, N.C., Serafin, S., Nordahl, R.: Establishing the range of perceptually natural visual walking speeds for virtual walking-in-place locomotion. IEEE Trans. Vis. Comput. Graph. **20**(4), 569–578 (2014). https://doi.org/10.1109/TVCG.2014.21

62. NLogOfficial: Flexible and Open-Source Logging for .NET. https://nlog-project.org/. Zugegriffen am 14.11.2022

63. NUnit Team: Nunit. http://nunit.org/. http://www.nunit.org/. Zugegriffen am 12.08.2022

64. Oculus: Get Started with Oculus in Unity. https://developer.oculus.com/documentation/unity/unity-gs-overview/. Zugegriffen am 29.04.2023

65. OpenXR Working Group: Unifying Reality. https://www.khronos.org/openxr. Zugegriffen am 22.08.2022

66. Poupyrev, I., Billinghurst, M., Weghorst, S., Ichikawa, T.: The Go-Go interaction technique: non-linear mapping for direct manipulation in VR. In: Proceedings of the 9th Annual ACM Symposium on User Interface Software and Technology, UIST '96, pp. 79–80. Association for Computing Machinery (1996). https://doi.org/10.1145/237091.237102

67. Razzaque, S., Kohn, Z., Whitton, M.C.: Redirected walking. In: Proceedings of Eurographics, S. 289–294. Eurographics Association, Eindhoven (2001)

68. Schwaiger, M., Thuimmel, T., Ulbrich, H.: Cyberwalk: An advanced prototype of a belt array platform. In: 2007 IEEE International Workshop on Haptic, Audio and Visual Environments and Games, S. 50–55 (2007). https://doi.org/10.1109/HAVE.2007.4371586

69. Silva, L., Valença, L., Gomes, A., Figueiredo, L., Teichrieb, V.: Gothrough: a tool for creating and visualizing impossible 3d worlds using portals. In: 2020 19th Brazilian Symposium on Computer Games and Digital Entertainment (SBGames), S. 97–106 (2020). https://doi.org/10.1109/SBGames51465.2020.00023

70. Slater, Mel, Usoh, Martin, Steed, Anthony: Taking steps: the influence of a walking technique on presence in virtual reality. ACM Trans. Comput.-Hum. Interact. **2**, 201–219 (1995). https://doi.org/10.1145/210079.210084

71. Stackoverflow: How to use log4net with unity? https://stackoverflow.com/questions/23796412/how-to-use-use-log4net-with-unity. Zugegriffen am 17.06.2022

72. Steinicke, F., Bruder, G., Jerald, J., Frenz, H., Lappe, M.: Analyses of human sensitivity to redirected walking. In: Proceedings of the 2008 ACM Symposium on Virtual Reality Software and Technology, VRST

'08, S. 149–156. Association for Computing Machinery, New York, NY, USA (2008). https://doi.org/10.1145/1450579.1450611

73. Steinicke, F., Bruder, G., Jerald, J., Frenz, H., Lappe, M.: Estimation of detection thresholds for redirected walking techniques. IEEE Trans. Vis. Comput. Graph. **16**(1), 17–27 (2010). https://doi.org/10.1109/TVCG.2009.62

74. Steinicke, F., Visell, Y., Campos, J., Lécuyer, A. (eds.): Human walking in virtual environments. Springer, New York. https://doi.org/10.1007/978-1-4419-8432-6

75. Stoakley, R., Conway, M., Pausch, R.: Virtual reality on a wim: interactive worlds in miniature. In: Proceedings of CHI95, S. 265–272. ACM, New York

76. Suma, E.A., Babu, S., Hodges, L.F.: Comparison of travel techniques in a complex, multi-level 3D environment. In: 2007 IEEE Symposium on 3D User Interfaces (2007). https://doi.org/10.1109/3DUI.2007.340788

77. Suma, E.A., Clark, S., Krum, D., Finkelstein, S., Bolas, M., Warte, Z.: Leveraging change blindness for redirection in virtual environments. In: 2011 IEEE Virtual Reality Conference, S. 159–166 (2011). https://doi.org/10.1109/VR.2011.5759455

78. Sutherland, Ivan E.: The ultimate display. In: Proceedings of the IFIP Congress, Bd. 2, S. 506–508. New York (1965)

79. Taylor, R.: Virtual reality peripheral network—official repo. https://github.com/vrpn/vrpn/wiki. Zugegriffen am 10.02.2023

80. Taylor, R., Hudson, T., Seeger, A., Weber, H., Juliano, J., Helser, A.: VRPN: a device-independent, network-transparent vr peripheral system. In: Proceedings of the ACM symposium on Virtual reality software and technology (VRST), S. 55–61. ACM (2001). http://doi.acm.org/10.1145/505008.505019

81. Trueba, R., Andujar, C., Argelaguet, F.: Complexity and occlusion management for the world-in-miniature metaphor. In: A. Butz, B. Fisher, M. Christie, A. Krüger, P. Olivier, R. Therón (Hrsg.) Smart Graphics, pp. 155–166. Springer, Berlin/Heidelberg (2009)

82. Trueba, R., Andújar, C.a.: Dynamic worlds in miniature. S. 1–10 (2008)

83. Unity: About the Mock HMD XR Plugin. https://docs.unity3d.com/Packages/com.unity.xr.mock-hmd@1.0/manual/index.html. Zugegriffen am 26.03.2023

84. Unity: About the oculus xr plugin. https://docs.unity3d.com/Packages/com.unity.xr.oculus@3.0/manual/index.html. Zugegriffen am 26.08.2022

85. Unity: About unity test framework. https://docs.unity3d.com/Packages/com.unity.test-framework@1.1/manual/index.html. Zugegriffen am 29.02.2023

86. Unity: Guidelines for using unity trademarks. https://unity.com/legal/branding-trademarks. Zugegriffen am 04.05.2023

87. Unity: OpenXR Interaction Toolkit. https://docs.unity3d.com/Packages/com.unity.xr.interaction.toolkit@1.0/manual. Zugegriffen am 10.02.2023

88. Unity: ScriptableObject. https://docs.unity3d.com/ScriptReference/ScriptableObject.html. Zugegriffen am 14.02.2023

89. Unity: Unity learn. https://learn.unity.com/. Zugegriffen am 22.04.2023

90. Unity: Windows.speech classes. https://docs.unity3d.com/ScriptRefer ence. Zugegriffen am 23.02.2023

91. Unity: XR. https://docs.unity3d.com/Manual/XR.html. Zugegriffen am 26.08.2022

92. Unity: XR Interaction Toolkit Examples. https://github.com/Unity-Technologies/XR-Interaction-Toolkit-Examples. Zugegriffen am 18.02.2023

93. Unity: XR Plug-in Framework. https://docs.unity3d.com/Manual/XRPluginArchitecture.html. Zugegriffen am 26.04.2023

94. Unity Technologies: Unity—the world's leading platform for real-time content creation. https://unity.com/. https://unity.com/download/. Zugegriffen am 22.08.2022

95. Usoh, M., Arthur, K., Whitton, M., Bastos, R., Steed, A., Slater, M., Brooks, F.: Walking > walking-in-place > flying in virtual environments. In: Proceedings of SIGGRAPH 1999, S. 359–364. ACM, New York (1999)

96. Valve: SteamVR Unity Plugin. https://valvesoftware.github.io/steamvr_unity_plugin/. Zugegriffen am 04.04.2023

97. Vasylevska, K., Kaufmann, H., Bolas, M., Suma, E.A.: Flexible spaces: dynamic layout generation for infinite walking in virtual environments. In: 2013 IEEE Symposium on 3D User Interfaces (3DUI), S. 39–42 (2013). https://doi.org/10.1109/3DUI.2013.6550194

98. Wachowsky, L., Wachowsky, L.: The Matrix. Warner Brothers, 1999

99. Williams, B., Narasimham, G., Rump, B., McNamara, T.P., Carr, T.H., Rieser, J., Bodenheimer, B.: Exploring large virtual environments with an HMD when physical space is limited. In: Proceedings of the 4th Symposium on Applied Perception in Graphics and Visualization, APGV '07, S. 41–48. Association for Computing Machinery, New York, NY, USA (2007). https://doi.org/10.1145/1272582.1272590

100. Wilson, P., Kalescky, W., MacLaughlin, A., Williams, B.: VR Locomotion: Walking > Walking in Place > Arm Swinging. In: VRCAI 16, S. 243–249 (2016). https://doi.org/10.1145/3013971.3014010

101. Wingrave, C., Haciahmetoglu, Y., Bowman, D.: Overcoming world in miniature limitations by a scaled and scrolling wim. In: 3D User Interfaces (3DUI'06), S. 11–16 (2006). https://doi.org/10.1109/VR.2006.106

102. Wong, L.: VIVE Input Utility for Unity. https://github.com/ViveSoftware/ViveInputUtility-Unity. Zugegriffen am 02.05.2023

103. Wulff, H.J.: Lexikon der Filmbegriffe: Suspension of Disbelief. https://filmlexikon.uni-kiel.de/doku.php/s:suspensionofdisbelief-4370. Zugegriffen am 04.01.2023
104. xUnit.net: About xunit.net. https://xunit.net/. Zugegriffen am 12.01.2023

Software-Entwicklung für die virtuelle Realität

3

„As usual with infant technologies, realizing the early dreams for virtual reality (VR) and harnessing it to real work has taken longer than the initial wild hype predicted. Now, finally, it's happening."
Frederick P. Brooks,

„What's real about virtual reality?" [7].

Zusammenfassung

Wir konkretisieren das Modell eines VR-Systems und beschreiben die Lösungen für das räumliche Sehen, den Einsatz von Ton und für Eingaben an das System. Neben den Eingaben, die wir mit Hilfe von Peripheriegeräten erzeugen, verwendet ein VR-System unbewusst erzeugte Eingaben durch die Positionsverfolgung. Wir betrachten mit OpenXR einen Industrie-Standard, mit dessen Hilfe es möglich wird eine Anwendung für möglichst viele System zu realisieren. Anschließend führen wir die Unity-Packages Unity XR und VIVE Input Utility ein, die wir für die Implementierung der Verfahren und Beispiele einsetzen werden. Die möglichen Interaktionen können wir in Systemsteuerung, Selektion,

Manipulation und Fortbewegung einteilen. Für diese Bereiche
einer Benutzungsoberfläche realisieren wir Techniken aus der
Literatur.

3.1   VR-Systeme

In der abstrakten Beschreibung eines VR-Systems hatten wir
festgehalten, dass die Anwender des Systems die virtuelle Umgebung wahrnehmen. Das mit Abstand wichtigste Sinnesorgan
des Menschen ist das visuelle System, das für rund 70 % unserer Wahrnehmungen verantwortlich ist. Menschen nehmen ein
Objekt im linken und im rechten Auge mit jeweils leicht un-
terschiedlichen Winkeln wahr – es erfolgt eine stereoskopische
Wahrnehmung. Aus der Differenz der Bildpunkte, der *Disparität* auf der Netzhaut, entsteht eine *Parallaxe*. Im menschlichen
Gehirn werden diese Parallaxen verarbeitet und führen zu einer
Tiefenwahrnehmung. Für jedes Auge haben wir ein vertikales
Gesichtsfeld von ungefähr 130°. Binokulares Sehen findet im Bereich von ung. 120° statt, der von beiden Augen wahrgenommen
werden kann. Die Größe des Bereichs, in dem Objekte von beiden
Augen wahrgenommen werden, hängt offensichtlich vom hori-
zontalen Abstand der beiden Augen, der *interpupillaren Distanz*
ab. Angaben zu diesem Abstand werden meist mit der Abkürzung
IPD genannt. In der DIN-Norm [13] finden wir einen Mittelwert
für dieses individuelle Körpermaß von 63 Millimeter. Für die
Perzentile finden wir Angaben von 52 Millimetern für das 5 %
und 72 Millimeter für das 95 %-Perzentil. Die IPD ist sehr stark
abhängig vom Geschlecht und der Herkunft der Menschen [14].
   Wir synthetisieren zwei entsprechende Darstellungen mit zwei
Computergrafik-Kameras. Dabei ordnen wir die beiden Kameras
an Hand der eingestellten interpupillaren Distanz an. Ein Punkt
in der Szene erhält dadurch zwei verschiedene Projektionen und
damit die gewünschte Parallaxe. Nach der Projektion und der
Rasterung liegen zwei Framebuffer mit Darstellungen der Szene
vor. Es bleibt die Aufgabe zu lösen, diese beiden Darstellungen
an das jeweils dafür vorgesehene Auge zu übertragen. Eine Möglichkeit dafür ist, Leinwände mit Projektoren oder Bildschirme

einzusetzen. Wir nennen ein solches VR-System *Projection-Based*. Möglich werden damit Systeme wie der 1992 vorgestellte CAVE [9, 10] oder eine Powerwall, bei der wir uns auf eine Projektionsfläche beschränken. Wir müssen sicher stellen, dass wir die Darstellungen für das jeweilige Auge korrekt zuordnen. Dafür können wir Aktiv-Stereo mit Shutter-Brillen und schnellen Displays oder Passiv-Stereo und passende Filtern einsetzen.

Am einfachsten erscheint es für jedes Auge einen kleinen Bildschirm zu verwenden. Dies ist das Konzept des *Head-mounted-Display*, kurz *HMD* genannt. Schon Sutherland hat diese Technik eingesetzt. Lange war es ein Problem, dass die Auflösung der verwendeten Monitore und insbesondere das Gewicht den Tragekomfort der Anwender stark einschränkten. Die im August 2012 gestartete Crowd-Funding Initiative von Oculus für die Entwicklung eines HMD, der im Consumer-Bereich angesiedelt werden sollte und die zu den ersten Oculus Rift Modellen führte hat die Einsatzmöglichkeiten dieser Hardware komplett verändert. Nicht nur im Consumer-Bereich sind HMDs zur Zeit die am häufigsten eingesetzte Hardware. Die Auflösung einer Oculus Rift DK lag 2012 bei 640×800 Pixel pro Auge. Heute, im Jahr 2023, sind wir bei Auflösungen pro Auge von 2448×2448 Pixel für eine HTC Vive Pro oder 2880×2720 Pixel pro Auge bei einer Varjo VR-3 angelangt. Hier ist zu erwarten, dass die Auflösungen eher noch weiter steigen.

Eine weit verbreitete Lösung ist ein HMD, das mit Hilfe eines Kabels oder mit Funk mit einer Workstation verbunden ist. Hier finden wir den Begriff *Tethered Solution*. Wir verwenden die CPU und die GPU der Workstation und können von einer großen Leistung der Hardware ausgehen. Schon das Konzept des Google Cardboard [19] verwendet eine Konfiguration, in der neben dem Display auch ein Prozessor im HMD verbaut ist. Setzt man diesen Ansatz konsequent fort gelangt man zu Geräten die unter dem Begriff *All-in-One* zusammengefasst werden. Meist ist ein mobiler Rechner mit Android-Betriebssystem eingebaut, auf dem die Anwendung installiert und ausgeführt werden kann.

Neben der grafischen Ausgabe können wir mit Audio-Signalen arbeiten. Mit Ton können Menschen Entfernungen und Positionen sehr gut wahrnehmen. Kommen Schallwellen von rechts, dann

treffen diese Wellen früher auf das rechte als auf das linke Ohr.
Die Differenz in der Laufzeit der Signale hängt vom indiviuellen
Kopfumfang und der Frequenz der eintreffenden Wellen ab. Für
sehr tiefe Frequenzen wie Bass-Töne stellt der menschliche Kopf
kein Hindernis dar, diese Frequenzen erreichen beide Ohren mit
gleicher Lautstärke und nahezu zeitgleich. Hohe Frequenzen werden durch den Kopf gedämpft und erscheinen dadurch kleinere
Lautstärke zu besitzen. Letztendlich werden diese unterschiedli-
chen Wahrnehmungen im menschlichen Gehirn verwendet um die
Position und den Abstand zu einer Schallquelle einzuschätzen.
Audio-Signale können wir sehr gut verwenden um die Aufmerk-
samkeit der Anwender zu erregen. Auch für die Ortung von
Positionen oder Richtungen ist Audio sehr gut einsetzbar. Wir
sollten allerdings immer bedenken, dass wir unsere Ohren im
Gegensatz zu den Augen nicht verschließen können. Audio sollte
also nicht dazu verwendet werden „Kaufhaus-Berieselung" zu
erzeugen.

Wir können in Unity das Mikrofon des Rechners suchen
und damit Audio-Signale aufnehmen und verwenden. Für die
Ausgabe der Audio-Daten gibt es Komponenten vom Typ
`Audio Listener`. Die Kamera in einer Szene hat eine solche
Komponente, was sehr viel Sinn macht. Zusätzlich können wir
eine Komponente vom Typ `Audio Mixer` hinzufügen um
zu beeinflussen, wie sich das Signal auf dem Weg von der
Quelle zum Empfänger verhält. Technisch realisieren wir die
Ausgabe mit der installierten Sound-Hardware. Wir verwenden
Kopfhörer oder Raumton auf der Basis eines 5.1- oder 7.1-
Systems. Im Projekt `BasisSzene` finden wir die Datei
`audioExample.mp3`. Wir nehmen die Datei in die Szene
auf und fügen einem der Objekte eine Komponente vom Typ
`Audio Source` hinzu. Diese Komponente ist in Abb. 3.1 zu
sehen. Mit der Option `Mute` können wir die Ausgabe aussetzen,
mit `Loop` können wir festlegen, dass wir die Datei nicht nur
einmal hören. Wichtig ist die Option `Play on Awake`. Ist sie
nicht aktiviert wird kein Audio abgespielt.

Wir können ein Mikrofon nicht nur einsetzen um Audio-
Signale zu erzeugen, die wir abspielen. Wir können mit Hilfe
von Spracherkennung eine *Sprachsteuerung* für eine Anwen-

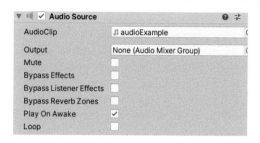

Abb. 3.1 Eine Schallquelle als Komponente eines Objekts im Inspektor

dung erstellen. Komponenten dafür finden wir im Namespace `UnityEngine.Windows.Speech` [60].

Bei der Abstraktion der möglichen Eingaben in Kap. 2 hatten wir die Kategorie Tracker eingeführt. Damit können wir Position und Orientierung der Anwender oder allgemein die sechs Starrkörper-Freiheitsgrade eines Objekts an die VR-Anwendung übermitteln. Moderne Lösungen für die Realisierung des Trackings verwenden Kameras, Marker für die verfolgten Objekte und Algorithmen aus der Bildverarbeitung. Es ist auch möglich, im Infrarot-Bereich zu arbeiten. Dann verwenden wir Infrarot-Emitter, die verfolgten Objekte werden mit Infrarot-Sensoren ausgestattet. Wir berechnen die relative Position und Orientierung der Objekte zu den Kameras oder den Emittern der Infrarot-Signale. Die Verfolgung von Positionen und Orientierungen wird von „außen" durchgeführt, wir sprechen von *Outside-In Tracking*. Die Positionen und Orientierungen der Kameras oder Emitter werden mit Hilfe einer Kalibration im System definiert. Verändert sich das Setup muss die Kalibration neu durchgeführt werden. Voraussetzung für die Kalibration ist, dass das VR-System in einem festgelegten *Arbeitsbereich* ausgeführt wird. Wir erhalten ein *stationäres* VR-System, in dem wir die Anwendungen ohne weitere Vorbereitungen ausführen können.

Verwenden wir ein Google Cardboard, setzen wir die Beschleunigungssensoren des Smartphones ein und erfassen damit die Orientierungen des Kopfes der Anwender. Die Positionsverfolgung erfolgt im System, wir sprechen von *Inside-Out Tracking*. Die relative Position eines verfolgten Objekts kann wieder mit Hilfe von Markern oder Sensoren bestimmt werden. Moderne Lösungen sind inzwischen in der Lage ohne Marker zu arbeiten und verwenden Algorithmen aus dem Computer Vision. Mit Hilfe von Inside-out Tracking können wir eine VR-Anwendung mobil einsetzen. Zwar müssen wir ebenfalls eine Kalibration durchführen, Dies ist aber im Normalfall schneller ausführbar als bei einer Outside-In Anlage. In einer Studie [40] wurde die erreichbare Genauigkeit von verschiedenen auf dem Markt verfügbaren Systemen untersucht. Aktuelle Outside-In Lösungen wie ART-Tracking oder Valve Lighthouse 2 bieten eine Genauigkeit unterhalb eines Millimeters. Inside-Out Lösungen sind meist ungenauer, im Test wurden Abweichungen von bis zu 5 Millimeter angegeben.

Wie groß der Arbeitsbereich ist, hängt auf der einen Seite davon ab wie groß der Raum sein kann, in dem wir die Positionsverfolgung durchführen können. Der Arbeitsbereich sollte unbedingt frei von realen Objekten sein, sonst besteht eine große Unfallgefahr. Dieser Aspekt schränkt die nutzbare Fläche meist ein. Als minimale Größe für den Arbeitsbereich finden wir Angaben von 2 Meter × 1,5 Meter. Häufig wird eine Fläche mit einer Diagonale von 5 Meter definiert. Es ist möglich Bereiche von bis zu 10 Meter × 10 Meter zu erreichen.

Setzen wir einen fest vermessenen Arbeitsbereich und Outside-In Tracking ein, können wir davon ausgehen, dass der Ursprung des Weltkoordinatensystems im Zentrum auf dem Boden liegt. Bei der Kalibration wird häufig von einem rechtshändigen Koordinatensystem ausgegangen. Verwenden wir wie in Unity ein linkshändiges System, zeigt die y-Achse nach oben. Während der Kalibration wird eine weitere Achse festgelegt. In Abb. 3.2 sehen wir eine Draufsicht eines Arbeitsbereiches. Der Boden stellt die Ebene $y = 0$ dar. Die Lage des Weltkoordinatensystems müssen wir bei der Gestaltung der virtuellen Welt beachten, damit die Szene beim Start der Anwendung sinnvoll wahrgenommen wird. Verwenden wir Outside-In Tracking, dann betreten wir den Arbeitsbereich

Abb. 3.2 Ein
Arbeitsbereich mit
einem linkshändigen
Koordinatensystem. Der
Ursprung des
Weltkoordinatensystems
liegt im Zentrum des
Bereichs

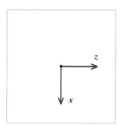

vermutlich von außen, meist in der Nähe der Workstation, mit der das HMD verbunden ist.

Verwenden wir Inside-Out Tracking, wird die aktuelle Position beim Start der Anwendung in der Regel als Ort für den Ursprung verwendet. Häufig liegt der Ursprung in der Kopf-Position, oder die Größe des Anwenders wird geschätzt und mit diesen Daten wird der Ursprung auf die Position des Anwenders gelegt, mit $y = 0$. Daraus ergeben sich wieder Anforderungen an die Gestaltung der Szene, die bei Start der Anwendung dargestellt wird. Wir sollten dafür sorgen, dass wir uns nicht innerhalb eines Objekts befinden, sondern dass möglichst freie Sicht auf die virtuelle Welt in Richtung der z-Achse von Unity herrscht.

3.2 OpenXR

Wie entwickeln wir VR-Software, um eine Anwendung für möglichst viele VR-Systeme einsetzen zu können? Ein wesentlicher Schritt hin zu einer Antwort auf diese Frage ist der Industrie-Standard OpenXR [29, 46]. OpenXR spezifiziert ein neutrales Application Programming Interface für die Entwicklung einer VR-Anwendung. Damit wir mit diesem API eine möglichst große Menge an VR-Hardware ansprechen können, definiert der Standard eine Runtime, die von den Geräte-Herstellern implementiert wird. Für die Hardware-Anbieter gibt es eine Konformitätsprüfung für die entwickelte Runtime als Open-Source. Die OpenXR-Runtime bietet uns als Entwickler ein API, mit dem wir auf die Hardware zugreifen. Vergleicht man dieses

Vorgehen mit OpenGL, dann entspricht die OpenXR-Runtime dem OpenGL-Treiber. In einer mit OpenGL entwickelten 3D-Anwendung verwenden wir Funktionen wie glVertex, um Eckpunkte an die Grafik-Hardware zu übergeben. Die konkrete Umsetzung im Treiber und auf der GPU müssen wir nicht kennen. Wir kennen aber aus der OpenGL Spezifikation das zu erwartende Ergebnis.

Eine mit OpenXR realisierte Anwendung hat immer den Aufbau der in Abb. 3.3 dargestellt ist. Funktionen im API beginnen mit dem Präfix xr. Im ersten Schritt der Anwendung fragen wir die vorhandenen Eigenschaften des verwendeten VR-Systems ab. Dazu finden wir Funktionen wie xrGetSystemProperties. Damit können wir die Anwendung auf das konkret vorhandene System anpassen. Anschließend starten wir mit xrCreateSession eine *Session*. Wir starten eine Event-Loop, reagieren auf Ereignisse und führen die interaktive Anwendung aus. Als Abschluss wird die Session mit xrDestroySession wieder geschlossen.

Während des Starts einer Session fragen wir die Eigenschaften des Systems ab, die wir für die Anwendung benötigen. OpenXR stellt Datentypen für Vektoren, Punkte, Farben oder Koordinatensysteme zur Verfügung. Dabei werden rechtshändige Koordinatensysteme eingesetzt. Orientierungen repräsentieren wir mit dem Typ XrQuaternionf. Für die Position und die Orientierung von Objekten in der virtuellen Welt verwenden wir den Datentyp XrPosef, der ein Quaternion und einen Vektor im dreidimensionalen Raum zusammenfasst. Koordinatensysteme werden in OpenXR als Spaces bezeichnet. Positionen und Orientierungen beziehen sich immer auf solche Koordinatensysteme. Hier können wir auch Koordinatensysteme für das Tracking abfragen und einsetzen. Für die grafische Ausgabe können wir die bekannten Grafik-APIs wie OpenGL, Vulkan oder Direct3D

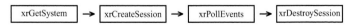

Abb. 3.3 Struktur einer OpenXR-Anwendung

einsetzen. OpenXR beschreibt das Rendering der Darstellungen für die räumliche Wahrnehmung als *Swapchain*.

In Kap. 2 hatten wir das Package `Input System` in Unity eingesetzt. In OpenXR finden wir eine ähnliche Lösung für mögliche Interaktionen und die dazu gehörige Hardware. Das folgende Beispiel ist dem OpenXR Reference Guide entnommen [30]. Eine Interaktion wird in OpenXR als *Action* bezeichnet. Ein *Action Set*, den wir mit `xrCreateActionSet` erzeugen fasst diese Actions zusammen. Haben wir ein Action Set mit der Bezeichnung `gameplay` angelegt, dann können wir mit `xrCreateAction` eine Interaktion, eine Action, hinzufügen. Wir definieren dabei zu welchem Action Set die Action gehört, wir vergeben einen Namen und einen Wert für `type`, zum Beispiel `XR_INPUT_ACTION_BOOLEAN` für einen Tastendruck. Die Verbindung zwischen einer Action und der Hardware wird mit Hilfe von semantischen Pfaden hergestellt. Es gibt reservierte Pfade wie `/user/hand/left`, `/user/hand/right` oder `/user/head`. Für Hardware gibt es reservierte Werte wie `trackpad`, für Buttons finden wir `trigger` oder `home`. Dabei können wir vordefinierte Bindings für die verschiedenen Hardware-Hersteller einsetzen. Gibt es eine Action mit der Bezeichnung `click`, dann können wir die Bindings einstellen:

Bindings für Actions einstellen

```
xrSetInteractionProfileSuggestedBindings
    /interaction_profiles/oculus/touch_controller
        "click": /user/hand/right/input/a/click

    /interaction_profiles/htc/vive_controller
        "click": /user/hand/right/input/trackpad/click
```

◄

Wie bereits bei der Verwendung des Package `Input System` in Unity entsteht so eine lose Kopplung zwischen Anwendung und eingesetzter Hardware. Um den Standard offen zu gestalten, sieht OpenXR *Extensions* vor. Damit können Erweiterungen verfügbar gemacht werden, die noch nicht in den Standard übernommen wurden. Und insbesondere können Hersteller das API um Features erweitern, die sich auf neu entwickelte Hardware beziehen. Mit XR_KHR_* werden Erweiterungen bezeichnet, die von Khronos entwickelt wurden und von mehreren Herstellern unterstützt werden. Das Präfix XR_EXT_* bezeichnet Erweiterungen, die von mehreren Herstellern unterstützt werden, die aber von einem oder mehreren Herstellern selbst stammen. Erweiterungen, die von Herstellern definiert werden finden wir mit einem entsprechenden String für den Hersteller wie zum Beispiel XR_HTC, XR_META oder XR_VARJO.

Repositories mit Beispielen zu OpenXR

Von Khronos gibt es ein Repository mit dem OpenXR SDK [31]. Microsoft stellt auf [41] eine ganze Reihe von Beispielen für die Verwendung von OpenXR und insbesondere von Extension zur Verfügung. ◄

3.3   Packages für die VR-Entwicklung

Für die Entwicklung von VR-Anwendungen mit Unity gibt es eine Reihe von Packages, die wir unserem Projekt hinzufügen können. Sehr erfreulich ist, dass diese Packages zunehmend die Möglichkeit anbieten mit OpenXR zu arbeiten. Die Vorbereitung eines Unity-Projekts auf VR folgt dabei einem generischen Vorgehen. Zuerst verwenden wir den Package Manager und fügen das gewünschte Package dem Projekt hinzu. Die Packages enthalten Assets und Prefabs für eine VR-Anwendung. Alle Packages verwenden ein *Rig*, eine Hierarchie mit Kameras, einem oder zwei Controller und optional weiteren Objekten. Ist eine Kamera im Prefab zu finden werden daraus während der Laufzeit der Anwendung zwei Stereo-Kameras. Die Packages enthalten geometrische Modelle für die Controller. Damit wird die Hardware während der Ausführung in der virtuellen Umgebung sichtbar. Dabei passt sich das verwendete Modell häufig daran an, welche konkrete VR-Lösung aktuell eingesetzt wird. Die Positionen und

Orientierungen der Kameras und der Controller werden während der Ausführung mit Daten aus dem Tracking versorgt.

Wir suchen im Package nach einem Prefab für einen solchen Rig und fügen dieses Asset einer geöffneten Szene hinzu. Die Packages gehen dabei unterschiedlich mit den bereits in der Szene vorhandenen Kameras um. Es gibt Lösungen, die beim Hinzufügen des Prefabs nach der mit dem Tag `MainCamera` gekennzeichneten Kamera suchen und diese durch die Kameras im Rig ersetzen. Teilweise wird die bisher verwendete `MainCamera` deaktiviert, eventuell auch gelöscht. Es gibt allerdings auch Lösungen die voraussetzen, dass die Kameras vor dem Hinzufügen des Rigs von den Entwicklern gelöscht werden.

Mit Hilfe der Einstellungen für das Package stellen wir ein, ob die von uns erstellte Anwendung im Stehen oder im Sitzen bedient wird oder ob es einen Arbeitsbereich gibt. Verwenden wir einen kalibrierten Bereich für die Ausführung wird die y-Koordinate der Kameras durch das Tracking definiert, relativ zu dem Weltkoordinatensystem im Arbeitsbereich. Für stationäre Anwendungen, die ein Koordinatensystem im Gerät verwenden, definieren wir eine Höhe für die Kamera. Damit können wir festlegen, ob die Anwendung im Stehen oder im Sitzen ausgeführt wird. Abhängig davon, ob wir eine kabelgebundene Lösung oder ein All-in-One Gerät verwenden, stellen wir die Build Settings des Projekts korrekt ein. Anschließend können wir die Anwendung erstellen und auf der vorhandenen Hardware ausführen.

Unity XR

Unity war von Beginn der Verfügbarkeit der Oculus Rift eine der wichtigsten Plattformen für die Entwicklung von VR-Anwendungen. Seit der Version `2019.3` wurde die Unterstützung in Unity für die Software-Entwicklung von XR-Anwendungen, also sowohl AR als auch VR, grundlegend neu gestaltet [61]. Das Schichtenmodell von Unity XR in Abb. 3.4 ist der Darstellung auf [63] nachempfunden. In der obersten Schicht finden wir unsere VR-Anwendungen und die dazugehörigen C#-Klassen. Dort verwenden wir Methoden aus den Packages

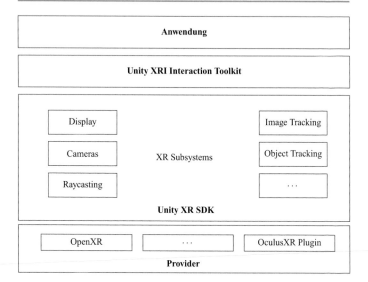

Abb. 3.4 Die Schichten-Architektur von Unity XR. Die Anwendungsklassen verwenden die Methoden des XRI Toolkits und des XR SDK. Die Abbildung auf konkrete Hardware wird in Form von Provider-Packages realisiert

Unity XR Interaction Toolkit oder Unity XR SDK. Der XRI Toolkit ist optional, aber sehr empfehlenswert. Die Klassen in XR Interaction Toolkit bieten eine einheitliche Schnittstelle zu Hard- und Software. Die darunter liegende Schicht Unity XR SDK ist in *Subsystems* gegliedert und enthält eine generische Realisierung für das Rendering, Tracking oder Raycasting. In dieser Schicht ist ein API definiert, das die Anbieter eines konkreten Plugins implementieren und so die Unity-Anwendung auf eine konkrete Plattform abbildet. Durch das Austauschen des Providers erstellen wir die VR-Anwendung für eine neue Hardware, ohne dabei die von uns implementierten Anwendungsklassen zu verändern. In Abb. 3.4 sind exemplarisch einige dieser Provider aufgeführt.

Das Package OculusXR realisiert die Schnittstelle für Anwendungen, die wir mit Rift oder Quest 2 Link auf dem Desktop ausführen. Mit Android als Ziel-Plattform werden auch Quest 2 oder Go unterstützt [45, 58]. Hardware mit einer Implementierung der OpenXR Runtime sprechen wir mit Hilfe des Plugins OpenXR an [59]. In der Dokumentation von Unity findet man neben diesen Providern, die ohne weitere Installation verfügbar sind, einen Eintrag VSP/3rd Party XR Plugin. Damit sind „alle anderen" Anbieter gemeint. Mit Hilfe des Providers Windows MR realisieren wir Anwendungen für Hardware, die im *Mixed Reality Portal* von Microsoft eingesetzt werden kann. Hier verwenden wir sowohl StandAlone/Windows als Plattform in den Build Settings als auch Universal Windows (UWP). Hardware wie die HTC Vive-Familie oder Valve Index verwenden das Plugin SteamVR und das Steam-Package [65]. Die All-in-One Geräte der HTC Focus-Familie versorgen wir mit Hilfe des Plugins WaveXR [25]. Obwohl Google die VR-Projekte, die zu Daydream und Cardboard geführt haben, inzwischen eingestellt hat, finden wir bei GitHub den Provider Google Cardboard XR Plugin for Unity [18].

Interessant ist der ebenfalls angebotene Provider Mock HMD XR [57]. Arbeiten wir mit Unity XR, dann geht Unity davon aus, dass die Hardware, für die wir das Plugin installiert haben, für die Entwickler verfügbar und angeschlossen ist. Führen wir die Anwendung nach einem Build oder im Editor aus, dann wird diese Hardware für die Ausführung verwendet. Es stellt sich sofort die Frage, wie wir auf der Basis von Unity XR und XRI entwickeln, wenn wir keine VR-Hardware zur Hand haben. Hier können wir das Mock HMD XR Plugin als Provider einsetzen. Allerdings erhalten wir damit keine Simulation, sondern ausschließlich einen Provider ohne Unterstützung von Peripheriegeräten. Wir können im Editor entwickeln und auch ein Build durchführen. Der Provider sorgt dafür, dass alle Referenzen im Projekt aufgelöst werden.

Wir verwenden unsere Basis-Szene und erstellen daraus eine VR-Anwendung mit Unity XR. In Edit → Projects Settings gehen wir zu den Einträgen zu XR Plugin Management. Ist noch keine XR-Unterstützung im Projekt vorhanden, finden wir dort die Option Install XR Plugin Management. Führen wir die Installation aus finden wir anschließend wie in Abb. 3.5 eine Auflistung der

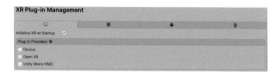

Abb. 3.5 Einstellen eines Providers für die Zielplattform des Projekts

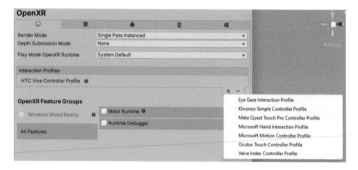

Abb. 3.6 Einstellungen für den Provider OpenXR im Plugin Management

als Default angebotenen Provider `Oculus`, `OpenXR` und `Unity Mock HMD` für eine Desktop-Anwendung. Wechseln wir in den Tab für Android, finden wir die Provider `ARCore`, `Oculus`, `OpenXR` und `Mock HMD Loader`. In Unity XR wird das Input System eingesetzt. Ist dieses Package noch nicht im Projekt vorhanden, werden wir darauf hingewiesen. Fügen wir Packages wie WaveXR oder Steam mit Hilfe des Package Managers dem Projekt hinzu, werden auch diese Provider zur Auswahl angeboten.

Wie in Abb. 3.6 zu sehen, können wir für den ausgewählten Provider weitere Einstellungen durchführen. Wir können die eingesetzte Runtime für die Ausführung der Anwendung einstellen. In Abschn. 3.2 zu OpenXR hatten wir die Bindings für verschiedene Hardware-Konfigurationen betrachtet. Diese vordefinierten Profile fügen wir wie in der Abbildung zu sehen unter `Interaction Profiles` hinzu.

Mit dem Package Manager installieren wir jetzt `XR Interaction Toolkit`. Nach der Installation werden

Abb. 3.7 XR Interaction Toolkit nach der Installation im Package Manager

wie in Abb. 3.7 weitere Assets verfügbar. Wir importieren
`Starter Samples` und `XR Device Simulator`. Anschließend finden wir im Assets-Verzeichnis zwei Unterver-
zeichnisse `Samples` und `XRI`. Im Verzeichnis `Samples/`
`XR Interaction Toolkit/2.2.0/Starter Assets`
finden wir ein Input Action Asset, das wir öffnen und bei Bedarf
verändern können. In diesem Verzeichnis finden wir darüber
hinaus die Szene `DemoScene`, in der die Samples exemplarisch
gezeigt werden. Mit der Option `Device Simulator` erhalten
wir einen Simulator der es uns erlaubt die Anwendung
mit simulierter Hardware auszuführen. Wir finden den
Simulator parallel zum Verzeichnis `Starter Assets` in
`XR Device Simulator`. Dort ist ein Input Action Asset
für den Simulator und ein Prefab zu finden.

Jetzt können wir mit `GameObject→XR→XR Origin`
ein Rig als Prefab zu unserer Szene hinzufügen. Damit
erhalten wir eine neue Hierarchie in der Szene. Unterhalb
des Objekts `Camera Offset` finden wir eine neue Kamera
mit dem Tag `MainCamera` und zwei Objekte für die beiden
Controller. Diese neue Kamera besitzt eine Komponente
`TrackedPose Driver`. Damit erhält die Kamera bei der
Ausführung die Daten aus dem Tracking. Interaktionen fügen wir
diesen Objekten mit Hilfe von Actions und Action Sets hinzu.

Vorhandene Kameras

Falls es keine Komponenten in der Szene gibt, die auf die vorhandenen Kameras zugreifen, löschen wir bereits vorhandene Kameras in der Szene, spätestens nach dem Hinzufügen des Prefabs XR Origin. ◄

Haben wir die Samples wie beschrieben importiert, finden wir im Verzeichnis Starter Assets/Prefabs ein Prefab Complete XR Origin Set Up, das mit Default-Werten für Actions versehen ist. Das erspart uns diese Einstellungen selbst zu erstellen. Möchten wir den Simulator verwenden fügen wir auch dieses Prefab der Szene hinzu. In Abb. 3.8 ist diese Hierarchie im Editor zu sehen. Die beiden Controller sind bereits für Interaktionen vorbereitet.

Weitere Beispiele für Unity XR und XRI Toolkit

Im GitHub Repository [62] finden wir weitere Projekte mit Beispielen für die Verwendung von Unity XR und XRI Toolkit! ◄

Im Inspektor können wir das Objekt XR Origin weiter einstellen. In Abb. 3.9 ist zu sehen, dass wir insbesondere die Lage des Weltkoordinatensystems konfigurieren können. Das vorkonfigurierte Prefab verwendet dafür CameraOffset. Hier ist es zu empfehlen die Einstellung für Tracking Origin Mode auf

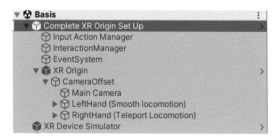

Abb. 3.8 Das Prefab Complete XR Origin Set Up in einer Szene

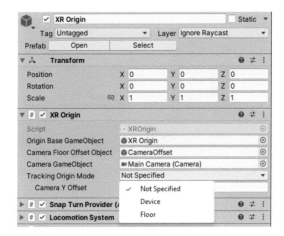

Abb. 3.9 Einstellungen und Komponenten für das Objekt XR Origin

Not Specified zu belassen. Mit Floor stellen wir auf einen kalibrierten Arbeitsbereich um, der Ursprung des Weltkoordinatensystems befindet sich im Boden. Führen wir eine stationäre Anwendung im Sitzen aus stellen wir Device ein. Hier geben wir die *y*-Koordinaten für den Ursprung in Camera Y Offset ein.

Ist eine VR-Hardware verfügbar und der Provider dafür in das Projekt importiert, können wir die Anwendung im Editor starten oder ein Build durchführen. Haben wir das Prefab für den XR Device Simulator in die Szene aufgenommen, können wir die Anwendung auch in der Play Area des Editors ausführen und mit Hilfe von Maus und Tastatur bedienen. Dabei können wir einstellen ob beide Framebuffer für linkes und rechtes Auge oder nur ein Framebuffer dargestellt werden. In Abb. 3.10 sehen wir beide Framebuffer für die Basis-Szene.

Vive Input Utility

Mit VIVE Input Utility, eine von HTC als öffentliches Repository in GitHub zur Verfügung gestellte Lösung, können wir mit einer

Abb. 3.10 Die Basis-Szene im Editor mit dem `XR Device Simulator`
nach dem Start im Editor

generischen Schnittstelle auf VR-Hardware zugreifen [70]. Mit
VIVE Input Utility arbeiten wir in einer Schicht oberhalb von
Unity XR und haben eine neutrale Programmierschnittstelle zum
Head-mounted Display, den Controllern und anderen Peripheriegeräten. Das GitHub-Repository von VIVE Input Utility enthält
ein Wiki, in dem wir eine aktuelle Beschreibung des API finden
[26]. In der Version 1.18.3 können wir auf der Basis dieses Packages Anwendungen für die Plattformen erstellen, die wir bereits
bei Unity XR vorgestellt haben. Für den Desktop können wir
darüber hinaus mit einen Simulator arbeiten. Diesen Simulator
setzen wir im Play Mode oder in einer Desktop Anwendung ein.

Wir können VIVE Input Utility mit dem Package Manager
einem Projekt hinzufügen. Oder wir verwenden die Releases
der Packages, die wir auf der GitHub-Seite des Toolkits vorfinden und die Funktion `Assets → Import Package →
Custom Package`. Nach dem Import finden wir in den As-
sets des Projekts das Verzeichnis `HTC.UnityPlugin`. Wir
fügen das Prefab `ViveCameraRig` der geöffneten Szene hinzu. Anschließend finden wir eine Hierarchie mit der Wurzel
`ViveCameraRig` in der Szene, wie in Abb. 3.11 zu sehen.
Unterhalb der Wurzel liegt die Kamera in `Camera`, die Controller
als `RightHand` und `LeftHand`. Falls wir mit Vive Tracker
arbeiten sind auch diese Objekte bereits vorbereitet. Die im Rig
enthaltene Kamera ist jetzt mit dem Tag `MainCamera` versehen.

Abb. 3.11 Das Prefab
`ViveCameraRig` in
einer Szene

Abb. 3.12 Auswahl des verwendeten Geräts in den Einstellungen für VIVE
Input Utility

Für welche Plattform wir entwickeln stellen wir in den
`Preferences` ein. Nach dem Import von VIU finden wir den
Eintrag `VIU Settings`. Dort wählen wir die passende Lösung
für die vorhandene VR-Hardware aus. Um den Simulator zu
aktivieren, wählen wir unter `Supporting Device` die Option
`Simulator` aus, wie in Abb. 3.12 zu sehen.

In der Simulator-Anwendung interagieren wir mit Hilfe von
Tastatur und Maus mit der Szene. Mit einer WASD-Steuerung
simulieren wir das Tracking des HMD und der Controller. Eine
Referenz der Befehle für Tastatur und Maus blenden wir mit `F1`
während der Ausführung des Simulators ein. In Abb. 3.13 finden
wir die Basis-Szene im Simulator von VIVE Input Utility.

Abb. 3.13 Die
Basis-Szene im
Simulator von
VIVE Input Utility

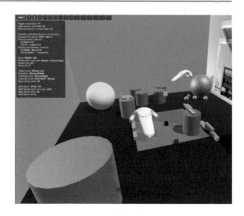

3.4   Interaktive immersive Anwendungen

Eine Anwendung, die räumliches Sehen, jedoch keinerlei
Einflussmöglichkeiten bietet, mag im weitesten Sinne als VR-
Anwendung bezeichnet werden können. Aber die Interaktion mit
Objekten in der Szene, die Veränderung und die Möglichkeit
sich in der „Welt" zu bewegen macht eine Anwendung zu einem
Erlebnis und zu dem, was wir mit einer immersiven Anwendung
verbinden.

Es gibt viele Vorschläge und Ideen für die Bestandteile von Benutzungsoberflächen solcher Anwendungen. Häufig orientieren
wir uns an der vorhandenen Soft- und Hardware. Die Bedienung
einer Anwendung die auf einem HMD ausgeführt wird unterscheidet sich fundamental von der Art, wie eine CAVE- oder
Powerwall-Anwendung realisiert wird. Allgemein können wir
die Benutzungsoberflächen die wir erstellen als 3D-Oberflächen,
englisch 3D User Interfaces, charakterisieren. Zu diesem Thema
gibt es mit [35] eine hervorragende Referenz die wir bei den
weiteren Themen immer wieder zitieren werden.

Die in Abschn. 3.3 erstellten Anwendungen waren noch nicht
interaktiv. Falls wir ein VR-System mit einem Arbeitsbereich
nutzen, können wir uns in der Szene fortbewegen. Dabei gibt
der kalibrierte Arbeitsbereich die Bewegungsmöglichkeiten vor.

Wir können noch nicht mit den Objekten in der Szene interagieren. Das werden wir im Folgenden ändern und verschiedene Interaktionen realisieren. Wir werden dabei auch Möglichkeiten für die Fortbewegung realisieren, die ohne Gehen im einem Arbeitsbereich durchführbar sind.

Bevor wir diese Interaktionen betrachten sammeln wir die Features, die wir in der Basis-Szene realisieren werden:

Einfache Interaktion

Wir heben ein in der Anwendung festgelegtes geometrisches Objekt mit Hilfe eines Buttons visuell hervor. Die Hervorhebung endet, wenn wir den Button loslassen. ◄

Auswählen und Manipulieren

Wir wählen eines der Objekte in der Szene aus und verändern seine Position und seine Orientierung. ◄

Fortbewegung

Wir können uns in der Szene fortbewegen. Dabei möchten wir in der Lage sein *alle* Positionen innerhalb der Szene zu erreichen. ◄

Das mit „Einfache Interaktion'" bezeichnete Feature ist sehr elementar. Aber wir können uns bei der Realisierung damit vertraut machen, wie wir Buttons auf einem Controller einsetzen und wie die damit verbundenen Events behandelt werden. Wir verändern in diesem Feature den Zustand der Anwendung, einer Szene oder eines Objekts. Solche Interaktionen bezeichnen wir als *Systemsteuerung* oder *System Control*.

Im Feature „Auswählen und Manipulieren" realisieren wir eine der grundlegenden Interaktionen in einer VR-Anwendung. Wir wählen ein Objekt aus, und anschließend manipulieren wir es. Es ist unmittelbar klar, dass hier zwei Aktionen vorliegen, die wir voneinander trennen sollten. Wir verwenden dafür die Begriffe *Selektion* und *Manipulation*. Die Selektion ist offensichtlich der Ausgangspunkt für viele weitere Interaktionen. Statt das Objekt nach der Auswahl zu manipulieren ist es denkbar, das ausgewählte Objekt zu löschen, hervorzuheben oder andere Aktionen in der Anwendung auszuführen.

Die naheliegendste Methode um ein Objekt in der virtuellen Welt auszuwählen ist, das Objekt zu berühren. Das entspricht dem was wir in der Realität durchführen. Wollen wir ein Objekt bewegen nehmen wir das Objekt in die Hand und bringen es in eine neue Position und meist auch in eine neue Orientierung. Diese Art der Auswahl wird mit der Metapher *virtuelle Hand* charakterisiert. Die Anwender erhalten ein Feedback, dass ein Objekt ausgewählt wurde. Möglich ist die Farbe des berührten Objekts zu verändern, oder falls dies von der Hardware unterstützt wird, verwenden wir ein taktiles Feedback an einem der Controller oder ein Audio-Signal. Wie wir die Events für die Berührung von Objekten in einer Szene erzeugen und verarbeiten haben wir bereits in Abschn. 2.2 untersucht. Wurde die Auswahl ausgeführt um die Lage des Objekts zu verändern folgt nun die Manipulation. Es liegt nahe, den Controller zu bewegen und seine Position und Orientierung auf das ausgewählte Objekt zu übertragen.

Bei der Selektion und der Manipulation unterscheiden wir immer zwischen zwei Objekten. Wir verwenden einen *Interaktor*, engl. *Interactor*, der in der Lage ist mit Objekten in der virtuellen Welt zu interagieren. Für die beschriebene Auswahl ist der Controller ein solcher Interaktor. Allgemein formuliert sind Interaktoren Objekte, für die wir Kollisionen mit anderen virtuellen Objekten erkennen können. Oder Objekte, von denen wir einen Strahl aussenden. Auf der anderen Seite finden wir *interaktive Objekte*, engl. *Interactables*, in einer Szene, mit denen wir interagieren können. Es gibt auswählbare, löschbare oder bewegbare Objekte. Diese Begriffe finden wir in Unity XR und VIVE Input Utility wieder. Dort werden Bezeichnungen wie *Selectable*, *Deletable* oder *Movable* verwendet.

Es ist klar, dass es keinen Sinn ergibt, alle Objekte in der virtuellen Welt ständig auswählbar zu machen. Diese Idee könnte schnell zu einem Problem führen, ständige Feedbacks lenken die Anwender von den Aufgaben ab, die sie eigentlich durchführen möchten. Das zu Grunde liegende Problem ist als „Midas touch problem" bekannt, nach dem König aus der griechischen Mythologie. Es gibt keine allgemein gültige Lösung für dieses

Problem. Eine Möglichkeit ist nur eine kleine Anzahl von Objekten in der Szene auswählbar zu machen. Analog können wir mit Hilfe von Events dafür sorgen, dass sich der Zustand eines Objekts verändert. Zum Beispiel machen wir aus einem auswählbaren ein bewegbares Objekt. Wir kombinieren Aktionen aus der Systemsteuerung mit der Selektion.

In einer stationären VR-Anwendung fehlt uns die Möglichkeit der *Fortbewegung*, engl. *Locomotion*. Diese benötigen wir auch in einer Anwendung, die wir in einem Arbeitsbereich ausführen. Mit ziemlich großer Wahrscheinlichkeit ist die virtuelle Welt größer als der verfügbare Arbeitsbereich. Genau wie in der realen Welt orientieren wir uns in der virtuellen Welt und planen die Fortbewegung. Dafür finden wir in der Literatur den Begriff *Wayfinding*. Die Orientierung in der virtuellen Welt wird maßgeblich von der Gestaltung dieser virtuellen Umgebung beeinflusst. Ist die virtuelle Welt nah an der Realität werden die Anwender versuchen, bekannte Strategien einzusetzen. Unterscheidet sich die virtuelle Welt grundlegend von der bekannten Realität müssen wir von einem Lernprozess ausgehen, der mindestens zu Beginn des Einsatzes der Anwendung zu einer Verzögerung führen kann. Ein Modell der Welt in Form von World-in-Miniature unterstützt die Anwender bei dieser Aufgabe.

Auch in VR-Anwendungen kann die Notwendigkeit entstehen Namen oder andere Strings eingeben zu müssen – für die Benennung von Objekten, die wir erzeugen oder für das Laden von Daten. Solche Aktionen nennen wir *Symbolische Eingaben*, engl. *Symbolic Input*. Eine virtuelle Tastatur, die wir wie in der Realität bedienen, ist eine Lösungsmöglichkeit. Die Bedienung eines Keyboards mit Hilfe von Controllern ist allerdings nur mühsam durchzuführen. Werden die Positionen der Finger erfasst kann eine solche Tastatur sinnvoll sein. Für die Lösung dieser Aufgabe bieten sich auch Gesten- oder Spracherkennung an.

Eines der Ziele, eine VR-Anwendung einzusetzen ist die Hoffnung, dass eine solche Anwendung „right out of the box" zu bedienen ist. Die Anwender können ohne Handbuch und Schulung mit dem System arbeiten. Es liegt nahe, dieses Ziel mit Aktionen zu erreichen, die aus der Realität bekannt sind. Wir sprechen in diesem Fall von einer *natürlichen Interaktion*, einem *Natural Interface*. Die Auswahl von Objekten mit Hilfe

einer Berührung ist eine solche Interaktion. Verwenden wir einen
Controller, der einen Strahl aussendet oder bewegen wir uns in der
Szene mit Hilfe von Teleportation, verwenden wir eine *magische
Interaktion*, ein *Magic Interface*.

Für die Realisierung von Interaktionen stehen uns typischer
Weise Daten über die Position und Orientierung des Kopfes
und der Hände zur Verfügung. Es gibt die Möglichkeit die
Daten weiterer Objekte zu verfolgen, die wir im Arbeitsbereich
positionieren oder die wir an Armen oder Beinen der Anwender
befestigen. Sehr häufig wird in der virtuellen Welt nicht die
Hand, sondern das digitale Modell eines Controllers dargestellt.
Entwickeln wir für eine konkrete Hardware erhalten wir ein
geometrisches Modell für den konkreten Controller. Der Kopf
und die Hände oder Controller stellen die Interaktoren für unsere
Aktionen dar.

Im Unity XR-Package finden wir ein Prefab eines generischen
Controllers, das wir beim Thema Raycasting bereits in einer
Desktop-Anwendung eingesetzt haben. Auch wenn auf den konkreten Controllern der Systeme auf dem Markt die Anordnung
und die Anzahl der Buttons variiert finden wir immer Buttons wie
`Trigger` oder `System Menu`. In den Action Sets in OpenXR
haben wir bereits auf generische Buttons zugegriffen. In Abb. 3.14
ist das Prefab dargestellt und die Buttons sind markiert.

Prefab des generischen Controllers

Das geometrische Modell des generischen Controllers im
`FBX`-Format finden wir nach dem Import von Unity XR im
Verzeichnis `Assets/ExampleAssets/Models`. ◄

Meist finden wir einen Joystick oder ein Touchpad, mit dem
wir zweidimensionale Koordinaten erzeugen können. Gleichzei-
tig kann damit ein Button ausgelöst werden. Die Controller
besitzen einen Button `System Menu`. Diesen Button sollten wir
nicht für unsere Interfaces vorsehen, denn damit können wir im
Normalfall die Anwendung pausieren und in ein Portal wechseln.
Die Buttons `Trigger` und `Grip` sind häufig wie in Abb. 3.14 an-
geordnet. Wie der Name `Application Menu` schon andeutet,

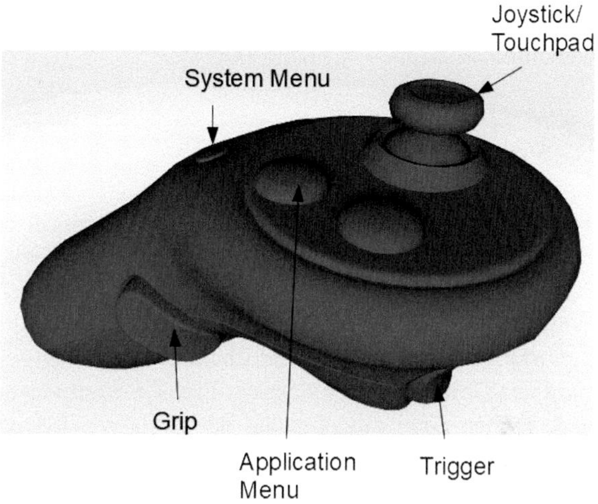

Abb. 3.14 Das Prefab eines generischen Controllers für die linke Hand im Unity XR-Package. Der Joystick liefert zweidimensionale Daten und kann als Button eingesetzt werden. Die Lage der markierten Buttons auf konkreten Controllern kann vom Bild abweichen

können wir mit diesem Button Optionen für unsere Anwendung aufrufen. Möchten wir eine VR-Anwendung realisieren, die auf möglichst vielen Plattformen lauffähig ist sollten wir uns auf die hier genannten Buttons beschränken.

Neben den Daten aus dem Tracking, den zweidimensionalen Daten eines Touchpads oder Joysticks und den digitalen Daten der Buttons können wir für die Realisierung von Aktionen die Kollisionen der Controller mit Objekten in der Szene einsetzen. Hier verwenden wir die Techniken, die wir für den Desktop bereits in Abschn. 2.2 untersucht haben. Damit können wir Objekte „berühren". Raycasting in Unity hatten wir ebenfalls betrachtet und die Schnittpunkte von Strahlen mit den Hüllkörpern von Objekten berechnet und visualisiert. Als Startpunkt der Strahlen verwenden wir in einer VR-Anwendung die Positionen der Controller. Möglich ist auch Strahlen vom Kopf ausgehen zu lassen. Verwenden wir die Achse `forward` des lokalen Koordinatensystems der Kamera senden wir Strahlen in Blickrichtung aus. Solche Benutzungsoberflächen die vom Kopf ausgehende Strahlen einsetzen nennen wir *Gaze Interface.*

3.5 Systemsteuerung

Funktionen für die Systemsteuerung sind nicht spezifisch für eine VR-Anwendung. Für das Feature „Einfache Interaktion" wird gefordert, dass wir auf den Button eines Controllers als Interaktor reagieren. Das interaktive Objekt ist das Objekt, das wir hervorheben möchten. Für die Realisierung führen wir ein Highlight des Objekts `Würfel` durch. Eine C#-Komponente für das Hervorheben eines Objektes auf der Basis von Kollisionen haben wir bereits in der Aufgabe 2.3 realisiert. Wir stellen sicher, dass wir im Inspektor einstellen können, welcher Controller und welcher Button eingesetzt wird. Die Funktionalität selbst realisieren wir mit Hilfe der Methode `m_ChangeColor`, die je nach Zustand, wie schon für unsere Desktop-Anwendung, das Material des Objekts oder das Material für die Hervorhebung zuweist.

Im Package VIVE Input Utility finden wir den Aufzählungstyp `HandRole`, mit dem wir festlegen können, ob wir den Controller in der rechten oder in der linken Hand einsetzen möchten. Für die Buttons gibt es den Aufzählungstyp `ControllerButton`. Wir entscheiden uns für den `Trigger`-Button als Default. In Abb. 3.15 sind die jetzt möglichen Einstellungen im Inspektor zu sehen.

Abb. 3.15 Systemsteuerung für das Feature „Einfache Interaktion" mit VIVE Input Utility. Im Inspektor kann wie gefordert eingestellt werden, welcher Controller und welcher Button eingesetzt werden soll

Controller und Buttons in Vive Input Utility

```
using HTC.UnityPlugin.Vive;
public class HighlightWithHand : MonoBehaviour
{
    public Material HighlightMaterial;
    public HandRole MainHand = HandRole.LeftHand;
    public ControllerButton TheButton =
            ControllerButton.Trigger;
}
```

◄

In OnEnable registrieren wir eine Funktion, die wir aufrufen, falls ein Event ausgelöst wird. Die Events sind in einem Aufzählungstyp ButtonEventType zu finden:

Registrierung der Listener

```
void OnEnable()
{
  ViveInput.AddListenerEx(MainHand,
    TheButton,
    ButtonEventType.Down,
    m_ChangeColor);
 ViveInput.AddListenerEx(MainHand,
   TheButton,
   ButtonEventType.Up,
   m_ChangeColor);
}
```

◄

Tritt ein Event wie ButtonEventType.Down auf wird die registrierte Methode, im Beispiel m_ChangeColor, aufgerufen. Analog verwenden wir die Funktion RemoveListenerEx um in Disable die Listener wieder zu entfernen. Die Methode m_ChangeColor übernehmen wir aus der Lösung von Aufgabe 2.3.

Im Wiki zu VIVE Input Utility [26] finden wir eine Anleitung, wie wir GUI-Elemente in eine Szene integrieren können. Dabei setzen wir die Eigenschaft RenderMode

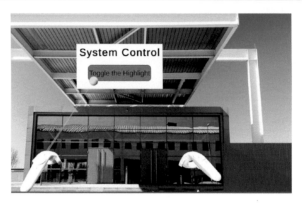

Abb. 3.16 Systemsteuerung für das Feature „Einfache Interaktion" mit GUI-Elementen in der Szene. Die Realisierung erfolgte mit VIVE Input Utility, die Darstellung wurde im Simulator erstellt

der Komponente `Canvas` auf `Worldspace`. Wir fügen der Szene das Prefab `VivePointers` hinzu. In Abb. 3.16 ist am linken Controller ein Strahl zu sehen, der mit dem Button interagiert. Dazu fügen wir dem Canvas-Objekt die Komponente `CanvasRaycastTarget` hinzu, um Raycasting verwenden zu können.

Die Klasse CanvasRaycastTarget

Die Komponente `CanvasRaycastTarget` können wir im Inspektor mit der Suche nach möglichen Komponenten hinzufügen. Wir finden die Klasse im Verzeichnis

`HTC.UnityPlugin\Pointer3D\RaycastMethod.`

◄

Interaktionen mit den Controllern können mit Unity XR *Device-Based* oder *Action-Based* realisiert werden. Es ist empfehlenswert das Input System einzusetzen, also mit Actions zu arbeiten. Das hat den Vorteil, dass wir für Tests neben den Bindings für die VR-Hardware Maus oder Tastatur

Abb. 3.17 Definition einer Binding für das Feature „Einfache Interaktion" mit Unity XR. Links: wir wählen XR Controller und anschließend den gewünschten Controller aus. Rechts: Im Menü Optional Controls legen wir den Button fest, der die Action auslösen soll

einsetzen können. Bei der Definition der Bindings finden wir Hardware wie XR Controller oder XR HMD. Wählen wir XR Controller aus erhalten wir ein Menü wie in Abb. 3.17 links. Wir können hier auswählen, ob wir die linke oder die rechte Hand verwenden. Anschließend können wir wie in Abb. 3.17 rechts im Menu für die Optional Controls den Button festlegen. Mit dieser neuen Binding sind wir in der Lage die Lösung aus Aufgabe 2.3 zu übernehmen.

Realisierung eines GUI mit Unity XR

Auch mit Unity XR können wir ein GUI einsetzen. Diese Möglichkeiten finden wir in der Szene DemoScene der Samples im XRI Package. ◄

Wir können Funktionen aus der Systemsteuerung mit Objekten in der virtuellen Welt verbinden. Denkbar ist es Interaktionen mit „Schaltern" oder „Tasten" in die Szene zu integrieren. Statt eines Pull-Downs für die Auswahl von Objekten verwenden wir Miniatur-Modelle davon in der Szene. Wir wählen das Miniatur-Modell und damit das Original-Objekt aus. In [39] beschreiben Bowman et al. eine solche Funktionalität für das Löschen von Objekten. Bei der als *Rabbit-Out-of-the-Hat* (ROH) bezeichneten Erweiterung von WiM wird ein Modell aus der Miniatur-Darstellung gezogen und damit auch das in der Szene enthaltene Objekt gelöscht.

Aus Desktop-Anwendungen kennen wir die Möglichkeit, mit Hilfe von Funktionstasten und dazugehörigen Shortcuts schnell eine Aktion auszuführen. Diese Art der Bedienung richtet sich an erfahrende Anwender. Mit Hilfe von Tasten wie F1 aktivieren wir die Hilfe, oder wir führen Einstellungen in der Anwendung aus. Solche Aktionen können wir auf die Buttons der Controller legen. Die Anzahl dieser Buttons ist, wie wir bereits gesehen haben, im Vergleich zu einer Tastatur sehr begrenzt. Die Technik *Command Control Cube* [21, 22, 35], kurz C^3, bietet die Möglichkeit dieses Feature in eine VR-Anwendung zu übertragen. C^3 verwendet bis zu 26 kleine Würfel. Wählen wir einen dieser Würfel aus, können wir eine dazugehörige Aktion auslösen.

Ein Würfel im Raum kann in 27 gleich große Würfel zerlegt werden. Auf den dabei entstehenden Würfel im Zentrum verzichten wir. Wir skalieren die Würfel etwas und erhalten so die 26 Würfel in C^3 wie in Abb. 3.18. In Abb. 3.19 ist C^3 in Unity zu sehen. Wir können C^3 in der Nähe eines Controllers einblenden. Damit die Auswahl eines Shortcuts einfach ist, wird zu Beginn ausschließlich die mittlere Schicht dargestellt. Bewegen wir den Controller in eine der anderen Schichten wird diese sichtbar gemacht, die Schicht die wir verlassen wird unsichtbar. In der Literatur wird angegeben, dass erfahrene Anwender C^3 bedienen, ohne den Blick auf die Würfel zu wenden. Werden die Würfel eingeblendet berühren wir sie und lösen einen am Würfel registrierten Event aus. Wir werden C^3 im folgenden Abschnitt beim Thema Selektion und Manipulation erneut aufgreifen und realisieren.

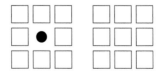

Abb. 3.18 Die Anordnung der 26 Würfel in C^3. Links ist die mittlere Schicht dargestellt, der Kreis markiert die Position, an der C^3 in Weltkoordinaten platziert ist. Rechts finden wir die Anordnung der 9 Würfel in den beiden anderen Schichten

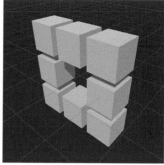

Abb. 3.19 Die Würfel für C^3 in Unity. Links: alle 26 Würfel. Rechts: die mittlere Schicht

Do it yourself!

3.1 (Highlighting und Button-Clicks) Erstellen Sie eine C#-Komponente, mit der wir ein festgelegtes Objekt in der Basis-Szene mit Hilfe eines Controller-Buttons visuell hervorheben können. Dabei soll das ursprüngliche Material nach dem Loslassen des Buttons wieder restauriert werden. Ob Sie dafür Unity XR oder VIVE Input Utility einsetzen ist Ihnen überlassen.

3.2 (Verfolger für einen Controller) In Abschn. 2.1 hatten wir eine Klasse `FollowTheTarget` implementiert. Damit konnten wir einen Verfolger realisieren. Implementieren Sie eine VR-Version dieser Anwendung mit Unity XR oder VIVE Input Utility.

(a) Erstellen Sie auf der Basis von `FollowTheTarget` aus Abschn. 2.1 eine Klasse, mit deren Hilfe einer der Controller im Rig verfolgt wird. Dabei sollen die folgenden Eigenschaften implementiert werden:

- Als Verfolger soll das Objekt `Flugzeugmodell` verwendet werden.
- Welcher Controller verfolgt wird soll im Inspektor eingestellt werden können.

- Die Verfolgung soll nur stattfinden so lange ein wählbarer Button auf dem verfolgten Controller gedrückt gehalten wird.

(b) Erstellen Sie ein Protokoll der Positionen des Verfolgers mit Hilfe von log4net in einer csv-Datei!

3.6   Selektion und Manipulation

Selektion ist eine ganz grundlegende Aktion und häufig der Ausgangspunkt für die Veränderung der Eigenschaften, der Position oder Orientierung eines Objekts. Möchten wir ein Objekt in der virtuellen Welt löschen, müssen wir es vorher auswählen. Erzeugen wir ein neues Objekt, benötigen wir Funktionen aus der Systemsteuerung, zum Beispiel um den gewünschten Typ des neuen Objekts auszuwählen.

Führen wir die Selektion mit Hilfe von Berührungen durch, müssen wir darauf achten, dass auswählbare Objekte erreichbar sind. In der Ergonomie ist ein *Greifraum*, engl. *Area of Reach*, der Bereich, in dem wir bei aufgerichtetem Oberkörper in entspannter Haltung und ohne den derzeitigen Standort zu verlassen, etwas mit den Händen ergreifen können. Wie bei der visuellen Wahrnehmung gibt es für beide Hände einen Greifraum und einen Überlappungsbereich. Die Größe eines Greifraums hängt selbstverständlich von der Körpergröße ab und spielt in der Gestaltung von Arbeitsplätzen eine wichtige Rolle. Wichtig sind diese Bereiche auch bei der Gestaltung einer virtuellen Welt. Sollen die Anwender in der Lage sein Objekte schnell und unkompliziert auszuwählen berücksichtigen wir die Greifräume bei der Platzierung der Objekte. In der DIN-Norm 33 402 Teil 2 [13] finden wir Angaben über die Reichweiten nach vorne und nach oben. In Tab. 3.1 finden wir einige dieser Maße. Die Reichweite nach oben bezieht sich dabei auf eine Haltung mit ausgestreckten Armen im Stehen.

Allgemein können wir für die Selektion zwei Modi unterscheiden: wir können ein Objekt auswählen, hier spricht man wie in den Desktop-Anwendungen von einem *Pick*. Anschließend können wir mit Hilfe anderer Techniken eine Veränderung am

Tab. 3.1 Reichweiten nach vorne und oben nach [13]. Die Angaben beziehen sich auf den Median jeweils für Frauen und Männer

Reichweiten (Median)	Frauen	Männer
Nach Vorne	59 cm	74 cm
Nach Oben	194,5 cm	207,5 cm

ausgewählten Objekt durchführen. Als Abschluss der Aktion heben wir die Auswahl wieder auf. Dabei achten wir darauf, dass den Anwendern ein Feedback, sei es visuell, akustisch oder taktil, gegeben wird. Wie üblich bei interaktiven Anwendungen macht es auch in einer VR-Anwendung sehr viel Sinn Aktionen rückgängig machen zu können – ein „undo". Dazu empfiehlt es sich in unserer Anwendung das *Command*-Pattern [16] zu implementieren.

Liegt das Objekt das wir auswählen möchten im Greifraum, können wir die Selektion mit Hilfe einer Berührung durchführen. Verwenden wir Unity XR greifen wir auf die Events zurück, die wir bereits in Abschn. 2.2 untersucht haben. Verwenden wir VIVE Input Utility fügen wir das Prefab `ViveColliders` zu unserer Szene hinzu. Damit lösen die Controller Collider-Events aus, die wir entsprechend behandeln. Die Objekte in der Basis-Szene hatten wir mit statischen Collidern ausgestattet und in einer Desktop-Anwendung eine solche Berührung durchgeführt. Mit dem Prefab `ViveCollider` können wir Interfaces wie `HoverEnter`, `HoverExit`, `PressEnter` und `PressExit` einsetzen. Mit `Hover` verwenden wir eine Berührung. Sinnvoll ist es sicher die Auswahl mit einem Button zu bestätigen, dafür können wir `PressEnter` und `PressExit` einsetzen. Das Event `PressEnter` zeigt an, dass wir begonnen haben einen Button zu betätigen, `PressExit` zeigt an, dass der Button wieder losgelassen wurde. Um uns mit diesen Interfaces vertraut zu machen, realisieren wir eine einfache C#-Klasse `EventManager`. Welchen Button auf dem Controller wir einsetzen, legen wir mit Hilfe einer Eigenschaft vom Typ `ColliderButtonEventData.InputButton` fest:

Beginn der Implementierung der Klasse EventManager

```
using HTC.UnityPlugin.ColliderEvent;
public class EventManager : MonoBehaviour,
    IColliderEventHoverEnterHandler,
    IColliderEventHoverExitHandler,
    IColliderEventPressEnterHandler,
    IColliderEventPressExitHandler
{
   public ColliderButtonEventData.InputButton selectButton
     = ColliderButtonEventData.InputButton.Trigger;
}
```

◀

In der Implementierung der Interfaces geben wir der Einfachheit halber auf der Konsole aus, dass das Event stattgefunden hat. Exemplarisch hier die Implementierung für das Event `Hover.Enter`:

Implementierung der Interfaces in EventManager

```
public void OnColliderEventHoverEnter(
    ColliderHoverEventData  eventData)
{
   Debug.Log("Berührung hat begonnen!");
}
```

◀

Zusätzlich können wir dem Objekt, das diese Komponente erhält, die Klasse `MaterialChanger` hinzufügen. Damit realisieren wir ein visuelles Feedback für die verschiedenen Events mit Hilfe von verschiedenen Materialien. Auswählbar sind nur Objekte in der Szene, denen wir eine Klasse als Komponente hinzufügen, die eines der Interfaces des Prefabs `ViveCollider` realisiert. Solche Objekte werden auf diese Weise *auswählbar* oder *selectable*. In der Basis-Szene macht es Sinn die Objekte auswählbar zu machen, die auf dem Boden liegen oder die Objekte `Kapsel` und `Flugzeugmodell`. Die Wände und der Boden müssen nicht auswählbar sein.

Neben einem Pick realisieren wir häufig ein *Greifen*, engl. *Grab*. Wir nehmen das Objekt „in die Hand" und wählen es damit aus, bewegen und orientieren es und lassen es am Ende wieder los. Wir realisieren mit VIVE Input Utility ein Grab, eine Selektion und eine Manipulation, mit einer der beiden Klassen `BasicGrabbable` oder `StickyGrababble`. Bei beiden Klassen können wir mit `Align Position` und `Align Orientation` im Inspector entscheiden, ob die Position und die Orientierung des Controllers auf das ausgewählte Objekt übertragen wird oder nicht. Wie schon für die Auswahl eines Objekts bestätigen wir die Auswahl für das Grab mit einem *Grab Button*, der im Inspektor eingestellt werden kann. Wir greifen das Objekt so lange wie wir diesen Button gedrückt halten. Hat das Objekt eine Komponente vom Typ `RigidBody` können wir mit Hilfe der Option `Unblockable Grab` entscheiden, ob die Bewegung des Objekts während des Grabs andere Objekte in der Szene beeinflusst oder nicht.

Der wesentliche Unterschied zwischen `BasicGrabbable` und `StickyGrabbable` ist der Einsatz des Buttons. Die Klasse `BasicGrabbable` führt das Grab so lange aus wie der Button gedrückt gehalten wird. Bei der Klasse `StickyGrabbable` beginnen wir das Grab durch einen Tastendruck. Wir können den Button jetzt loslassen, das Objekt klebt am Controller so lange, bis wir den Button erneut betätigen. Damit wird es möglich Objekte zu greifen und zu manipulieren ohne ständig einen Button auf dem Controller zu halten. Wie schon bei der Selektion setzen wir auch hier zusätzlich die Komponente `MaterialChanger` für ein visuelles Feedback ein.

Für die Realisierung eines Grabs mit Unity XR finden wir im XRI Toolkit die Provider `Grab Move` und `Two-Handed Grab Move`. Wir fügen einem Objekt die Komponente `VR Grab Interactable` hinzu und machen es so greifbar. Die Einstellungen für den Grab finden wir in der Komponente `Direct Interactor` unterhalb eines Controllers in der Hierarchie des Rigs. In Abb. 3.20 sehen wir einen Ausschnitt der möglichen Einstellungen. Auch hier können wir festlegen, dass wir den Grab „sticky" realisieren möchten und

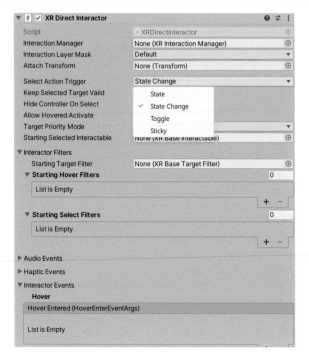

Abb. 3.20 Einstellungen für das Greifen für einen Controller mit Unity XR

wir können Funktionen registrieren, mit denen wir das Verhalten bei `Hover` oder `Select` verändern.

Wir kommen wie angekündigt zu C^3 zurück. Wir stellen für jeden der 26 Würfel sicher, dass ein `Box Collider` vorhanden ist. Wir werden wie schon bei der Selektion mit VIVE Input Utility die `Hover`- und `Press`-Events und die Klasse `MaterialChanger` einsetzen. Analog zur Klasse `EventManager`, die wir für die Selektion eingesetzt haben implementieren wir das Interface `IColliderEventPressExit` `Handler` in der Klasse `CCCubeEventManager`. Die Klasse enthält die öffentliche Variable `public UnityEvent` `MyEvent`. Dann finden wir im Inspektor die Möglichkeit

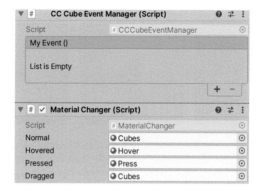

Abb. 3.21 Einträge im Inspektor für einen der 26 Würfel in C^3. Mit +
können wir Funktionen registrieren die bei Eintreten des Events aufgerufen
werden

eine Funktion zu registrieren, die aufgerufen wird falls der
Event auftritt. In Abb. 3.21 sind die Einträge im Inspektor
dargestellt. Als Unterstützung während der Entwicklung sehen
wir eine weitere private Instanz von `UnityEvent` vor. Hier
protokollieren wir mit log4net, dass ein Event mit diesem Würfel
ausgelöst wurde.

Die drei Schichten legen wir als leere GameObjects
mit einem `Box Collider` an. Dabei verändern wir den
Collider so, dass der Hüllkörper alle Würfel in dieser Schicht
umschließt. Kollisionen mit diesem Collider verwenden wir
dafür, die entsprechende Schicht anzuzeigen. Analog zur Klasse
für die Würfel behandeln wir diese Events in der Klasse
`LayerEventManager`. Die drei Schichten fassen wir als ein
Prefab `CCC` zusammen. Um C^3 einzublenden implementieren
wir die Klasse `ActivateCCCVRController`. Wird ein in
der Komponente konfigurierbarer Button auf einem Controller
ausgelöst, erscheint C^3 um den Controller und wir können die
registrieren Shortcuts auslösen. In Abb. 3.22 ist die Lösung in
der Basis-Szene zu sehen. Links wurde C^3 eingeblendet und
der Controller wurde in die vordere Schicht bewegt, die damit
sichtbar wird. Einer der Würfel wurde ausgewählt, aber noch kein
Event ausgelöst. In der mittleren Abbildung wurde der Controller

Abb. 3.22 C^3 in der Basis-Szene im VIVE Input Utility-Simulator. Links: C^3 wurde eingeblendet und der Controller hat sich in die vordere Schicht bewegt. Der mittlere Würfel erhält einen Hover-Event, es wurde jedoch kein Event ausgelöst. Mitte: Der Controller wurde in die mittlere Schicht bewegt und einer der Würfel in dieser Schicht wird berührt, ohne ein Event auszulösen. Rechts: Der Button für das Auslösen des Events am Würfel wurde betätigt

in die mittlere Schicht bewegt. Rechts wurde der Button betätigt und der Event zu dem hervorgehobenen Würfel wurde ausgelöst.

Ist das Objekt, das wir auswählen wollen nicht erreichbar und möchten wir uns nicht fortbewegen, müssen wir über magische Techniken nachdenken. Im Abschn. 2.3 hatten wir eine Anwendung implementiert, mit der wir das Raycasting in Unity untersucht haben. Die dort implementierten Klassen modifizieren wir jetzt und realisieren damit eine Selektion mit Hilfe der Controller. Als Ursprung für den Strahl setzen wir die Position des Controllers ein, als Richtungsvektor des Strahls eine der Achsen des lokalen Koordinatensystems. Wir verwenden eine kleine Kugel als Visualisierung des Schnittpunkts und eine Instanz von `LineRenderer`, um den Strahl zu visualisieren. Wir verwenden die Klasse `RaycastWithLine` und leiten davon eine Klasse `RaycastWithLineUXR` oder `RaycastWithLineVIU` ab. In dieser abgeleiteten Klasse stellen wir ein, mit welchem Button der Raycast ausgelöst werden soll. Die Klassen beschränken sich darauf einen Schnittpunkt wie in Abb. 3.23 zu visualisieren und die Möglichkeit, auf der Unity-Konsole Details über das Ergebnis auszugeben. Mit der beschriebenen Implementierung sind alle Objekte in der Szene auswählbar, die eine `Collider`-Komponente besitzen. A Posteriori können wir mit Hilfe des

Abb. 3.23 Raycasting
mit einem der Controller
im Simulator von
VIVE Input Utility

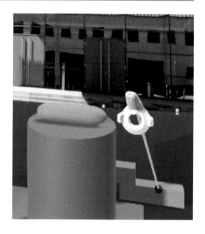

Namens des Objekts, an dem der Schnittpunkt bestimmt wurde
entscheiden, ob ein auswählbares Objekt getroffen wurde. Mit
Hilfe von Tags und einer Instanz von `LayerMask`, die wir
der Funktion `Physics.Raycast` übergeben, können wir die
Schnittberechnungen auf auswählbare Objekte einschränken.

Statt der von uns realisierten Klassen für Raycasting aus
Abschn. 2.3 können wir `PhysicsRaycastMethod` im
Verzeichnis `Pointer3D` des Package VIVE Input Utility
verwenden. Hier können wir für das visuelle Feedback wieder
die Komponente `MaterialChanger` einsetzen. Auch im
Package Unity XR finden wir entsprechende Funktionen. Dort
verwenden wir einen `Ray Interactor` und die Komponente
`XR Ray Interactor`. In der Komponente können wir das
Verhalten bei einer Auswahl einstellen. Die Verwendung dafür
finden wir in der Szene `DemoScene` als Komponente beider
Controller.

Möchten wir mit Raycasting ein Objekt mit VIVE Input Utility
auswählen und anschließend manipulieren fügen wir der Szene
das Prefab `VivePointers` hinzu. Ob wir Raycasting mit beiden oder nur mit einem der Controller einsetzen möchten können
wir in dieser Hierarchie in der Szene entscheiden. Unterhalb
des Objekts `VivePointers` finden wir die Objekte `Left` und
`Right`.

Raycasting und Systemsteuerung

Sobald eines der Objekte unterhalb von `VivePointers` aktiviert ist oder die Komponente `XR Ray Interactor` aktiviert ist geht vom entsprechenden Controller ein Strahl aus. Falls das in der Anwendung nicht viel Sinn macht verwenden wir eine der beim Thema Systemsteuerung behandelten Möglichkeiten und blenden die Strahlen bei Bedarf ein oder wieder aus. ◀

Soll ein Objekt in der Szene mit Raycasting auswählbar und manipulierbar sein, fügen wir diesem Objekt die Komponente `Draggable` hinzu. Diese Klasse finden wir im Beispiel `3.3Drag` des VIVE Input Utility-Packages. Wir können zahlreiche Einstellungen durchführen. Insbesondere können wir Callbacks für die Events `AfterGrabbed`, `BeforeRelease` und `OnDrop` registrieren. In Abb. 3.24 sehen wir diese Technik in der Basis-Szene. Das Objekt `Kapsel` ist auswählbar und hat die Komponente `Draggable`. Links sehen wir, dass der Strahl das Objekt getroffen hat. Rechts wurde am Controller der `Trigger`-Button gedrückt gehalten und der Controller wurde bewegt. Mit Hilfe der Events in der Komponente können wir entscheiden, was mit dem manipulierten Objekt geschieht nachdem wir den Button auf dem Controller loslassen. Hat das Objekt Physik, könnte es zu Boden sinken. Möglich wäre auch, das Objekt wieder an seine

Abb. 3.24 Auswahl und Manipulation eines Objekts mit Hilfe von Raycasting im VIVE Input Utility-Simulator. Links: Das auswählbare Objekt `Kapsel` wurde durch den Strahl getroffen. Rechts: Das Objekt `Kapsel` wird gemeinsam mit dem Controller bewegt

ursprüngliche Position zurück zu bewegen. Dazu implementieren wir eine entsprechende Funktion und registrieren sie für den Event `OnDrop`.

Statt der magischen Lösung einen „Laser Pointer" zu verwenden, können wir die Szene so verändern, dass wir das gewünschte Ziel erreichen können. Wir sprechen in diesem Fall von *World Warping*. Denkbar ist, die Objekte in Blickrichtung zu uns zu verschieben und gegebenenfalls auch zu skalieren. Wir müssen allerdings davon ausgehen, dass diese Veränderung die Immersion der Anwender empfindlich stören kann. Besser geeignet ist ein *Body Warping*, also den virtuellen Körper oder die davon sichtbaren Teile zu verändern. Die *Go-Go*-Technik [47] verwendet eine nicht-lineare Verlängerung des virtuellen Arms. Dazu implementieren wir eine Funktion, die ausgehend von der Position der realen Hand oder des Controllers aus der Positionsverfolgung eine Position des dargestellten digitalen Modells bestimmt. In [47] wird der Abstand r zwischen einem Punkt im Brustbereich der Anwender und der Position der Hand bestimmt. Ist dieser Abstand kleiner als ein einstellbarer Wert D verändern wir die Länge des Arms nicht. Ist f die Funktion, die den Abstand zwischen diesem Ursprung und der Hand angibt erhalten wir $f(r) = r$ für $r \leq D$. Im Fall $r > D$ verändern wir den Abstand der virtuellen Hand von unserem Ursprung auf den Wert $f(r) > r$. Für f finden wir in [47] ein quadratisches Polynom:

$$f(r) = \begin{cases} r, & r \leq D, \\ r + k(r-D)^2, & r > D. \end{cases} \tag{3.1}$$

Die Konstante k in Gl. (3.1) ist eine Zahl aus dem Intervall $(0, 1)$. Den Wert D sollten wir nicht zu klein wählen, denn in der Nähe des Oberkörpers erwarten wir sicher keine plötzlichen Veränderungen der Hand-Position. In Abb. 3.25 finden wir eine grafische Darstellung der Funktion f für $k = \frac{1}{6}$ und $D = 58$ cm.

Ist O der Ursprung des verwendeten lokalen Koordinatensystems wie in Abb. 3.26, H_R die Position für Hand oder Controller, die uns die Positionsverfolgung liefert und **d** der normierte Richtungsvektor von O nach H_R, dann verwenden wir die Funktion

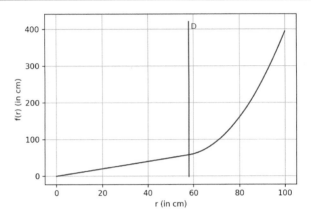

Abb. 3.25 Die Funktion für die nicht-lineare Manipulation der virtuellen Armlänge bei Go-Go. Wie in [47] wurde $k = \frac{1}{6}$ gewählt, für den Abstand D wird der Wert 58 cm verwendet

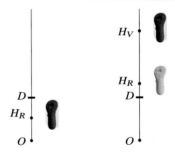

Abb. 3.26 Nicht-lineare Manipulation der Position der Hand oder eines Controllers mit Go-Go. Links: der Abstand des Controllers vom Referenzpunkt ist kleiner als die Schranke D, der Controller bleibt an der Position H_R. Rechts: der Abstand des Controllers vom Referenzpunkt ist größer als D, die Position des Controllers wird mit der Funktion f in Gl. (3.1) nichtlinear verändert zur Position H_V

f aus (3.1) als Parameter in einer Geradengleichung, um die Position H_V der virtuellen Hand zu berechnen als

$$H_V = O + f(r) \cdot \mathbf{d}. \qquad (3.2)$$

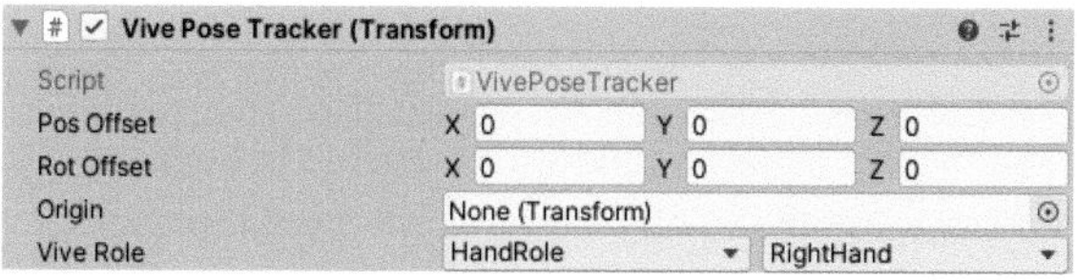

Abb. 3.27 Die Komponente `VivePoseTracker` eines der Controller in
VIVE Input Utility im Inspektor

Verwenden wir Unity XR oder VIVE Input Utility haben wir
das Problem, dass der in der Veröffentlichung vorgeschlagene
Ursprung für die Berechnung des Abstands zwischen Körper
und Controller nicht im Tracking enthalten ist. Es liegt nahe
den Ursprung *O* in die mit `MainCamera` gekennzeichnete
Kamera zu legen. Die Position und Orientierung dieses Objekts
können wir nicht verändern, denn diese Daten stammen aus
dem Tracking. Um die Position eines Controllers unterhalb von
`XR Origin` im Package Unity XR zu manipulieren fügen wir
analog zu `CameraOffset` ein leeres GameObject oberhalb
des Controllers ein, den wir verändern möchten. Verwenden wir
VIVE Input Utility finden wir im Inspektor für die Controller
eine Komponente `VivePoseTracker` wie in Abb. 3.27. Für
die Realisierung von Go-Go verändern wir `posOffset`, eine
Instanz von `Vector3`.

Ist der Abstand zwischen Controller und Kopf größer als *D*,
dann berechnen wir den quadratischen Anteil des Polynoms in
(3.1). Als Richtung des Offsets berechnen wir die normierte
Differenz zwischen Kopf- und Controller-Position und weisen das
Ergebnis dem Eintrag `posOffset` zu:

Nichtlinearer Offset für die Realisierung von Go-Go

```
private void m_ComputeTheOffset()
{
  m_OffsetRay = m_Rig.transform.position - transform.position;
  var r = Vector3.Magnitude(m_OffsetRay);
  m_OffsetRay.Normalize();
  m_TrackerData.posOffset = m_Poly(r) * m_OffsetRay;
}
```

◀

Die Variablen `m_Rig` und `m_TrackerData` belegen wir in `Awake` mit den Objekten für die Wurzel des Rigs und dem Kamera-Objekt. In der Funktion `m_Poly` berechnen wir den quadratischen Anteil der nichtlinearen Manipulation aus Gl. (3.1).

Es gibt zahlreiche Vorschläge für die Erweiterung von Go-Go. Von Bowman et al. [69] stammt die *HOMER* Technik. Da die Manipulation eines mit Hilfe von Raycasting ausgewählten Objekts häufig Schwierigkeiten bereitet, wird nach der Auswahl mit einem Raycast der Controller zum ausgewählten Objekt bewegt und mit Hilfe der Tracking-Daten des Controllers manipuliert. Damit ist die Bewegung des Controllers viel zielgerichteter als Go-Go. Blockieren Objekte in der Szene die Sicht auf die virtuelle Hand oder den Controller schlagen Bowman et. al. in [39] die Methode *REX Go-Go* vor. Objekte die sich zwischen der virtuellen Hand und den Augen befinden werden transparent dargestellt.

In Abschn. 2.5 hatten wir bereits World-in-Miniature eingeführt. Damit erhalten wir eine exozentrische Möglichkeit Objekte auszuwählen und zu verändern, die sich außerhalb des Greifraums befinden. Wir stellen sicher, dass es auswählbare Modell-Objekte gibt und wenden für diese Objekte ein Pick oder ein Grab an. Verändern wir ein Objekt im Modell, übertragen wir diese Modifikationen auf das zugehörige Objekt in der Szene. Diese Umrechnung gelingt mit Hilfe der Funktionen für die Umrechnung von Modell- in Weltkoordinaten, die wir für die Unit-Tests realisiert hatten. Auch für die Zuordnung zwischen Modell und Objekt in der Szene haben wir bereits die benötigen Funktionen realisiert.

Do it yourself!

3.3 (Shortcuts mit C^3) Eine Realisierung von C^3 finden wir im Unity-Projekt `CommandControlCube` im Verzeichnis `VRKVIUSimulator`. Machen Sie sich mit der Implementierung vertraut und verwenden Sie C^3 in der Basis-Szene. Welche Shortcuts Sie realisieren, bleibt Ihnen überlassen. Denkbar ist die Veränderung der Eigenschaften von Objekten oder das Ein- und Ausblenden einer World-in-Miniature.

3.4 (X-Ray Sicht auf ein ausgewähltes Objekt) Bowman el. al. beschreiben in [39] die Weiterentwicklung REX Go-Go der Go-Go Technik. Dabei werden für ein ausgewähltes Objekt alle die Sicht darauf blockierenden Objekte mit einem transparenten Material dargestellt. Implementieren Sie eine C#-Komponente, die für ein ausgewähltes Objekt diese Funktionalität realisiert!

3.7   Fortbewegung

Neben der Interaktion ist die Fortbewegung in der virtuellen Welt bei der Realisierung einer VR-Anwendung von großer Bedeutung. Wir hatten bereits festgehalten, dass wir zwischen Wegplanung und Fortbewegung, unterscheiden. Um den Weg durch eine virtuelle Welt zu planen, orientieren wir uns wie in der realen Welt an der Topologie der Szene. Bewegen wir uns in einem virtuellen Stadt-Modell wissen wir, dass wir Straßen und Wege benutzen. Kreuzungen und freie Plätze sind Wegpunkte, an denen wir uns orientieren. Hier können wir gut WiM einsetzen um einen Überblick über die Struktur der Welt zu erhalten und anschließend die Wege zu planen.

Die Fortbewegung können wir mit Hilfe der Begriffe *kontinuierlich*, *diskret* oder *vorgeplant* einteilen. Das beste Beispiel für eine kontinuierliche Fortbewegung ist Gehen im Arbeitsbereich. Dadurch entsteht in der virtuellen Welt der Eindruck dort ebenfalls zu gehen. Eine diskrete Fortbewegung ändert die Position und gegebenenfalls auch die Orientierung der Anwender abrupt. Offensichtlich ist dies eine magische Technik, denn wir können in der physikalischen Realität keine Teleportation durchführen. Bei einer vorgeplanten Fortbewegung wurden Berechnungen ausgeführt. Wir bewegen uns entlang einer durch die Rechenergebnisse festgelegten Kurve oder diskreten Wegpunkten. Realisieren wir einen Simulator für ein Auto, ein Flugzeug oder eine Lokomotive können wir die Bedienelemente dieses Simulators einstellen. Die eigentliche Fortbewegung wird anschließend durch die Anwendung berechnet.

In [2] und [35] finden wir eine Taxonomie, die wir im Folgenden anwenden werden. Die Autoren unterscheiden zwischen

- walking metaphors,
- steering metaphors, oder
- selection- und manipulation-based metaphors.

Bei Walking orientieren wir uns am menschlichen Gehen.
Dabei muss nicht notwendig der komplette Gangzyklus des
menschlichen Gehens durchlaufen werden. In vielen 3D- und
VR-Anwendungen finden wir eine Fortbewegung, bei der wir
kontinuierlich die Bewegungsrichtung verändern und damit
eine *Steuerung* realisieren. Wir steuern die Fortbewegung mit
Hilfe von Hardware wie einem Controller. Denkbar ist natürlich
auch ein Lenkrad oder ein Joystick. Die dritte Klasse der
Fortbewegung deckt sich weitgehend mit der bereits eingeführten
vorgeplanten Fortbewegung. Wir treffen eine Auswahl für das
nächste Ziel in der Szene, anschließend bewegen wir uns dorthin.
Die Anwendung legt den Weg dafür fest. Ein Beispiel für eine
manipulation-based locomotion können wir mit Go-Go oder
HOMER verbinden. Statt nur den Controller zu einem weit von
uns entfernten Objekt zu bewegen ist es natürlich denkbar die
Anwender in die Nähe des ausgewählten Objekt zu bringen.
    Bevor wir Alternativen zum Gehen im Arbeitsbereich
untersuchen, werfen wir einen Blick auf die Rigs von
Unity XR und VIVE Input Utility. In Abb. 3.28 ist das Prefab

Abb. 3.28 Das `ViveCameraRig` in der VIVE Input Utility als Beispiel
für Prefabs der VR-Packages. In der Hierarchie finden wir eine Kamera mit
dem Tag `MainCamera`, die beiden Controller und drei Vive Tracker, deren
Position ebenfalls verfolgt werden kann

`ViveCameraRig` aus VIVE Input Utility zu sehen. In der Hierarchie finden wir immer eine Kamera, die den Tag `MainCamera` besitzt. Darunter finden wir die beiden Controller als `RightHand` und `LeftHand`. Die drei Prefabs `Tracker1` bis `Tracker3` sprechen, falls vorhanden, Vive Tracker an, die wir am Hand- oder Fussgelenk befestigen und damit weitere Körperteile verfolgen können.

Für die Realisierung von Go-Go hatten wir diese Rigs bereits genutzt und den Offset zu der durch die Positionsverfolgung gegebenen Position manipuliert. Die Position und Orientierungen aus der Positionsverfolgung lesen wir in `localPosition` und `localRotation` des Kamera-Objekts ab. Diese Werte können wir nur lesend verwenden, denn in jedem Frame werden hier neue Werte aus dem Tracking übergeben. Wir können das Wurzelobjekt der Rigs, `ViveCameraRig` oder `XR Origin`, manipulieren und damit Bewegungen realisieren.

Neben der Basis-Szene werden wir für die Fortbewegung die Szene `Gang` einsetzen. Wir verlängern die Basis-Szene zu einem 30 Meter langen Gang. Der Ursprung des Weltkoordinatensystems ist am Anfang des Gangs platziert. Diese Einstellung führt dazu, dass wir beim Start einer VR-Anwendung den Gang vor uns haben. In Abb. 3.29 oben sehen wir eine Draufsicht der Szene in Unity. Wir werden häufiger Positionen im Arbeitsbereich und korrespondierende Positionen in der virtuellen Szene visualisieren. In Abb. 3.29 unten finden wir die Darstellung, die wir dazu einsetzen werden. Unten links finden wir eine Darstellung des Arbeitsbereichs, in dem sich die Anwender mit Positionsverfolgung bewegen können. Der Ursprung des Koordinatensystems des physikalischen Bereichs ist eingezeichnet und befindet sich im Zentrum. Verwenden wir das Unity-Koordinatensystem zeigt die y-Achse aus dem Papier heraus, der Vektor nach rechts stellt die z-Achse dar. Der Vektor nach unten ist die x-Achse. Unten rechts finden wir die virtuelle Szene. Das Koordinatensystem ist identisch mit dem im Arbeitsbereich. Die virtuelle Szene hat größere Dimensionen. Punkte im Arbeitsbereich werden wir mit P, korrespondierende Punkte in der virtuellen Szene mit Q bezeichnen.

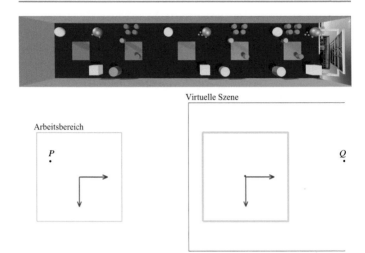

Abb. 3.29 Oben: Draufsicht der Szene Gang für Tests der Fortbewegung in Unity. Der Ursprung des Weltkoordinatensystems befindet sich in der Mitte des hellgrauen Bereichs ganz links. Unten links: Skizze des Arbeitsbereiches mit einer Position P. Unten rechts: Ein Ausschnitt der Szene Gang mit der zu P korrespondierenden Position Q in der virtuellen Szene

Alle von uns implementierten Komponenten für die Fortbewegung verändern Position und Orientierung der Wurzel des verwendeten Rigs. Eine Fortbewegung hat immer eine Bewegungsrichtung. Wir werden solche Richtungen als Instanz von Vector3 realisieren. Dabei achten wir darauf, dass diese Werte immer einen normierten Vektor repräsentieren. Wie schnell wir uns in diese Richtung bewegen, speichern wir auf einer float-Zahl. Als Bewegungsrichtung verwenden wir häufig die z-Achse eines lokalen Koordinatensystems eines GameObjects. Um sicher zu stellen, dass wir damit nicht die Blickrichtung ungewollt verändern, speichern wir diese Orientierung ebenfalls in der Basisklasse ab. Dafür verwenden wir Eulerwinkel in einer Instanz von Vector3, die wir in Unity einfach in eine Instanz von Quaternion umwandeln können. Wir fassen diese Elemente in der abstrakten Basisklasse Locomotion zusammen:

Abstrakte Basis-Klasse Locomotion

```
public abstract class Locomotion : MonoBehaviour
{
    protected Vector3 m_Direction;
    protected Vector3 m_Orientation;
    protected float m_Speed;
}
```

◄

Es ist sinnvoll die Bewegung mit Hilfe der Systemsteuerung starten und stoppen zu können. In der Klasse `Locomotion` sehen wir dafür eine logische Variable `m_Moving` vor:

Start und Stop der Fortbewegung in Locomotion

```
private bool m_Moving;
protected bool Moving
{
        get => m_Moving;
        set => m_Moving = value;
}
```

◄

In der virtuellen Funktion `Move` führen wir die aktivierte Fortbewegung in einer `Update`- oder `FixedUpdate`-Funktion durch:

Durchführen der Bewegung

```
protected virtual void Move()
{
    if (!m_Moving) return;
    transform.eulerAngles = m_Orientation;
    transform.Translate(m_Speed *
    Time.deltaTime * m_Direction);
}
```

◄

Steht uns ein Arbeitsbereich zur Verfügung, in dem wir gehen können, ist dies *immer* unsere erste Wahl für die Fortbewegung. In der Literatur finden wir zu diesem *Real Walking (RW)* eine ganze Reihe von Evaluationen, die dies untermauern [42,55]. Mit ziemlich großer Wahrscheinlichkeit ist der Arbeitsbereich kleiner als die virtuelle Welt. Dann stellt sich das Problem, wie wir von einem Startpunkt aus alle möglichen Standorte erreichen können. Ist die VR-Anwendung stationär, stellt sich dieses Problem von Beginn an. Da das Gehen sehr stark zur Immersion beiträgt versuchen wir den Gangzyklus oder Teile davon zu nutzen. Auf diese Weise erfahren die Anwender Sinnesreize, die sie aus der Realität kennen. Diese Reize tragen stark dazu bei Cybersickness zu vermeiden. Wir werden am Ende dieses Abschnitts Techniken für die virtuelle Fortbewegung untersuchen, die diese Vorteile des Gehens im Arbeitsbereich mit der Möglichkeit verbinden Ziele in einer virtuellen Welt zu erreichen, die außerhalb der Grenzen des Arbeitsbereiches liegen.

Wir hatten bereits darauf hingewiesen, dass wir nicht nur kontinuierliche, sondern auch diskrete Bewegungen ausführen können. Dafür können wir die *Teleportation* einsetzen. Die Technik hat sich seit der weiten Verbreitung der Head-mounted-Displays als eine häufig genutzte Möglichkeit etabliert und wird sowohl von Unity XR als auch von VIVE Input Utility angeboten. Wie bereits bei der Selektion verwenden wir in der Regel die Controller als Interaktor. Wir wählen die Ziele für die Teleportation mit Hilfe von Raycasting aus. Ein Objekt in der Szene wird bei VIVE Input Utility zu einem Ziel für die Teleportation, falls das Objekt die Komponente `Teleportable` besitzt. Verwenden wir Unity XR setzen wir eine der Komponenten `Teleportation Anchor` oder `Teleportation Area` ein. Beide Komponenten repräsentieren eine Ebene, die als Ziel einer Teleportation dienen kann. Verwenden wir `Teleportation Area`, ist das Ziel durch einen Schnittpunkt mit einem Collider gegeben. Verwenden wir `Teleportation Anchor` geben wir im Inspektor eine feste Position und Orientierung für das Ziel an.

Um die Teleportation mit VIVE Input Utility zu realisieren fügen wir das Prefab `VivePointers` oder `ViveCurve`

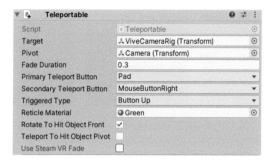

Abb. 3.30 Die Komponente `Teleportable` im Inspektor. Das Objekt `Target` wird auf den Schnittpunkt gesetzt, der beim Raycasting berechnet wird. Mit `Primary Teleport Button` legen wir fest mit welchen Button der Strahl für das Raycasting ausgelöst wird

`Pointers` zur Szene hinzu. Wir können dies für jedes einzelne Ziel durchführen. Finden wir einen Schnittpunkt im Raycasting, verwenden wir diese Position um den Rig neu zu positionieren. Für die Berechnungen in der Klasse `Teleportable` wird die Komponente `Transform` der Kamera eingesetzt. Diese beiden Eigenschaften finden wir als Default-Werte im Inspektor der Komponente, wie in Abb. 3.30.

Wird ein Schnittpunkt mit einem zulässigen Ziel gefunden, verändert sich die Spitze des Strahls, den wir von einem der Controller aussenden. Welches Material ein zulässiges Ziel anzeigt legen wir in der Eigenschaft `Reticle Material` fest. Haben wir einen Schnittpunkt mit einem zulässigen Ziel gefunden und lassen wir den Button los wird die Teleportation durchgeführt. Mit den Eigenschaften `Rotate to Hit Object Front` und `Teleport To Hit Object Pivot` können wir festlegen, ob wir uns nach der Teleportation an der Orientierung des Zielobjekts ausrichten oder die bisherige Orientierung beibehalten. Falls die Anwendung mit `Steam` arbeitet, können wir `Use Steam VR Fade` aktivieren und erhalten einen Effekt während der Durchführung der Teleportation. Die Dauer dieses Übergangs stellen wir mit `Fade Duration` ein.

 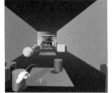 

Abb. 3.31 Links: Mit Raycasting suchen wir ein mögliches Ziel für eine Teleportation. Die Spitze des Strahls zeigt an, dass aktuell kein Objekt mit der Komponente `Teleportable` getroffen wird. Mitte: Der Strahl trifft ein zulässiges Ziel. Rechts: Der Button wurde losgelassen und die Teleporation wurde durchgeführt

Verwenden wir die Szene `Gang` aus Abb. 3.29, macht es Sinn, die hellgrau gefärbten Bereiche auf dem Boden als Ziele verfügbar zu machen. Die korrespondierenden Punkte P und Q in Abb. 3.29 könnten durch eine Teleportation entstand sein. Der Punkt Q in der Szene wurde als Ziel ausgewählt. Nach der Teleportation befinden wir uns im Arbeitsbereich immer noch im Punkt P, in der virtuellen Szene in Q.

In Abb. 3.31 finden wir die verschiedenen Phasen der Teleportation. Lösen wir das Raycasting für die Teleportation aus und treffen kein zulässiges Ziel, wird dies durch die Farbe der Spitze angezeigt. Ist ein mögliches Ziel gefunden, verändert sich die Farbe der Spitze. Die Position auf die dieser „Pfeil" zeigt, wird die neue Position in der virtuellen Welt, sobald der Button losgelassen wird. In Abb. 3.30 hatten wir die Optionen `Rotate to Hit Object Front` und `Teleport To Hit Object Pivot` gesehen. In Abb. 3.32 sehen wir links, dass auch der gelbe Würfel vor uns ein mögliches Ziel ist. Hier sind in der Komponente beide Eigenschaften aktiviert. Damit können wir verhindern, dass wir nach einer Teleportation in Richtung der Wand schauen. Rechts in Abb. 3.32 ist das Ergebnis zu sehen, nach der Teleportation wird die Orientierung des Würfels auf die Orientierung der Kamera angewandt, wir schauen nach vorne.

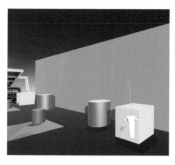

Abb. 3.32 Links: Die Würfel in der Szene sind Ziele für die Teleportation. Bei diesen Objekten wurde für die Komponente `Teleportable` die Option `Teleport To Hit Object Pivot` aktiviert. Rechts: Die Teleportation wurde ausgeführt und die Orientierung der Kamera wurde durch die Orientierung des Zielobjekts beeinflusst

Abb. 3.33 Die Komponente `Teleportation Provider` im XRI Toolkit. Das Objekt das wir bei `System` übergeben legt fest, welche Position und Orientierung durch die Teleportation beeinflusst wird

Sehr viele Ziele für die Teleportation

Sind eine ganze Reihe von Zielen für die Teleportation in der Szene vorhanden, dann fassen wir diese Objekte in einer Hierarchie zusammen und fügen die Klasse `Teleportable` der Wurzel dieser Hierarchie hinzu! ◄

Bei Unity XR und XRI Toolkit setzen wir die Klasse `Teleportation Provider` in der Wurzel `XR Origin` des Rigs ein. Wir können wie in Abb. 3.33 festlegen für welches Objekt wir durch die Teleportation die neue Position und Orientierung definieren. In dieser Komponente legen wir auch fest wie die Visualisierung des Raycasts erfolgt.

Selbst wenn die Länge des Strahls für ein weit entferntes Ziel einer Teleportation ausreicht, wird die Auswahl des Zieles für die Teleportation immer ungenauer. Eine Lösung für dieses Problem ist, das Ziel einer Teleportation statt in der Szene in einem WiM-Modell zu definieren. Wir versehen die Modelle der Teleportations-Ziele mit der Komponente `Teleportable`. In der Komponente können wir Callbacks für die Events `BeforeTeleport` und `AfterTeleport` registrieren und dort aus den Modellobjekten Ziele in der Szenen berechnen.

Wir können die Controller oder die Blickrichtung dazu verwenden eine Steuerung für eine kontinuierliche Fortbewegung zu realisieren. Wir fliegen mit `Fly` oder wir gehen mit `Walk` durch die virtuelle Welt. Dabei ist *nicht* das Gehen im Arbeitsbereich gemeint, sondern wir beschränken bei `Walk` die Fortbewegung auf die x- und z-Koordinaten des Rigs. In der Literatur finden wir für diese Techniken die Bezeichnung *Joystick Locomotion*.

Diese Techniken sind relativ einfach zu realisieren und die Anwender können sie schnell ohne großen Aufwand einsetzen. Beide Techniken bieten die Möglichkeit große Bereiche einer virtuellen Welt zu erreichen, ohne uns im Arbeitsbereich bewegen zu müssen. Der visuelle Eindruck eines schnellen Fliegens ohne dass das menschliche Gleichgewichtsorgan die damit verbundenen Beschleunigungen erfährt kann jedoch sehr schnell zu Cybersickness führen.

Wir leiten für die Realisierung eine abstrakte Klasse `JoystickLocomotion` von `Locomotion` ab. Darin lösen wir die Fortbewegung durch einen Trigger aus. Dafür können wir Buttons auf einen Controller, aber auch andere Techniken der Systemsteuerung einsetzen. Wir erweitern die `Update`-Funktion um den Trigger zu berücksichtigen:

Die Update-Funktion der Klasse JoystickLocomotion

```
protected virtual void Update()
{
  UpdateDirection();
  UpdateSpeed();
  Trigger();
  if (!Moving) return;
  Move();
}
```

◀

Die davon abgeleiteten Klassen setzen in der `Trigger-`Funktion die logische Variable `Moving`. Wir können für die Definition der Bewegungsrichtung die Orientierung eines Objekts in der Szene einsetzen. Es ist sinnvoll für die Variable `m_Direction` in der Basisklasse `Locomotion` die z-Achse dieses Objekts, also `transform.forward`, zu verwenden. Letztendlich implementieren wir die Klassen `Fly` und `Walk`. In der Klasse `Walk` verwenden wir die x und z-Koordinaten der durch das Objekt gegebene Richtung und setzen die y-Koordinate auf Null. Dabei achten wir darauf, dass die Bewegungsrichtung in `Locomotion` als normierter Vektor erwartet wird:

UpdateDirection in der Klasse Walk

```
protected override void UpdateDirection()
{
  m_Direction = OrientationObject.transform.forward;
  m_Direction.y = 0.0f;
  m_Direction.Normalize();
}
```

◀

Bis zu diesem Zeitpunkt ist unsere Realisierung unabhängig vom verwendeten Package für eine VR-Anwendung. Natürlich werden wir Controller oder andere Objekte einsetzen, deren Position verfolgt wird. Wir leiten von `Fly` und `Walk` eine weitere Klassen ab, in denen wir Unity XR oder VIVE Input Utility verwenden. Diese Klassen fügen wir dem Rig in der Szene als Komponente hinzu. In Abb. 3.34 ist eine dieser Komponenten im Inspektor zu sehen.

Sowohl `Fly` als auch `Walk` sind problematisch, darauf wurde bereits hingewiesen. Visuell erfahren die Anwender eine Fortbewegung, jedoch fehlt dem menschlichen Gleichgewichtsorgan jegliche dazu passende Rückmeldung. Eine Möglichkeit beide Techniken so zu verändern, dass die Anwender eine Bewegung durchführen müssen ist, die Fortbewegung durch eine Überwachung der Körperhaltung auszulösen und auch zu steuern. Dann entstehen *Leaning-Based Interfaces*. Wir können durch „nach

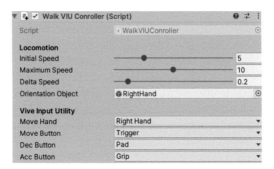

Abb. 3.34 Die Klasse `WalkVIUController` im Inspektor. Die Bewegung wird mit Hilfe von Controller-Buttons ausgelöst. Die Geschwindigkeit kann ebenfalls mit Hilfe von Buttons beeinflusst werden

vorne beugen" die Fortbewegung auslösen. Möglich ist auch die Bewegungsrichtung aus einer solchen Haltung abzuleiten. Voraussetzung ist natürlich, dass diese Bewegungen durch die Positionsverfolgung erkannt werden können. Denkbar ist der Einsatz eines solchen Ansatzes im Sitzen, insbesondere wenn wir mit einem Vive Tracker oder anderen Sensoren die Rotationen eines Schreibtisch-Stuhls erfassen können. In [23, 24] finden wir dazu Setups und Evaluationen.

Wir hatten bereits die Kategorie der vorgeplanten oder berechneten Fortbewegung eingeführt. Beispiele dafür sind die schon früh realisierten Simulatoren. Denkbar ist auch ein Laufband oder einen Heimtrainer mit der VR-Anwendung zu verbinden. Ein Laufband wurde schon sehr früh realisiert [11, 27]. Von Schwaiger et. al. gibt es den Vorschlag eines magischen fliegenden Teppichs [12, 49].

Eine Möglichkeit der berechneten Fortbewegung ist der Einsatz von Portalen und anderen magischen Objekten. Mit dieser magischen Technik können wir uns theoretisch in einer unendlich großen virtuellen Welt bewegen [1, 17, 34, 50]. Das Portal hat eine Position in der virtuellen Welt. Wir können das Portal durchsichtig darstellen und so eine Vorschau auf das Ziel geben. Möglich ist auch einen Kreis oder eine andere planare Fläche in der Luft schweben zu lassen. Passieren wir das Portal oder verwenden ein magisches Objekt für das Auslösen der Bewegung werden wir in eine neue Szene oder an eine neue Position in der aktuellen Szene transportiert. Für die Gestaltung des Übergangs gibt es eine ganze Reihe von Möglichkeiten. Wir können eine Teleportation durchführen, also eine diskrete Fortbewegung ausführen. Oder wir aktivieren eine kontinuierliche Fortbewegung wie `Fly` oder `Walk`.

Als einfaches Beispiel verwenden wir ein Portal, das in der Szene `Gang` liegt. Wir definieren die Lage über die z-Koordinate. Passieren wir den Wert werden wir diskret oder kontinuierlich zu einer Zielposition gebracht. Dieses Ziel definieren wir in unserem einfachen Beispiel ebenfalls mit Hilfe eines z-Werts. In Abb. 3.35 links sind die beiden Stellen mit Hilfe von transparenten Flächen in der Szene visualisiert. Wir bewegen uns auf das Portal zu. Sobald wir die Position des Portals erreicht haben werden wir mit Hilfe einer berechneten Fortbewegung zum Ausgang gebracht. Möglich wäre eine Teleportation, also ein diskreter Übergang. Oder wir berechnen Wegpunkte für das Durchlaufen einer Linie und laufen anschließend diese Wegpunkte ab. Damit können wir leicht ein Ease-in-Ease-out Verhalten realisieren. Die Bewegung startet langsam, wird immer schneller und gegen Ende bremst die Bewegung ab, bis sie am Ziel zum Stillstand kommt. In der Mitte von Abb. 3.35 sind wir kurz vor dem Ziel angelangt. Rechts in der Abbildung haben wir das Ziel erreicht.

Abb. 3.35 Links: Wir stehen am Anfang des Gangs und gehen dem Portal entgegen, das durch eine transparenter Fläche visualisiert wird. Mitte: Wir haben das Portal passiert und werden mit Hilfe einer berechneten Bewegung zum Ausgang des Portals transportiert. Wir befinden uns kurz vor dem Ausgang. Rechts: Wir haben den Ausgang erreicht und sind dort zum Stehen gekommen

Für das Verwalten und Abgehen der Wegpunkte verwenden wir die Klasse `WaypointManager`. Die Bewegung findet in der Funktion `Move` statt, die ausgehend von der aktuellen Position eine Fortbewegung in Richtung des nächsten Wegpunkts ausführt. Dazu verwenden wir die Methode `Vector3.MoveTowards`:

Die Funktion Methode in der Klasse WaypointManager

```
public Vector3 Move(Vector3 position, float distance)
{
  Vector3 newPosition = Vector3.MoveTowards(position,
      m_targetPositions[m_currentIndex], distance);
  if (Vector3.Distance(newPosition,
      m_targetPositions[m_currentIndex]) < ArriveDistance)
        NextWaypoint();
  return newPosition;
}
```
◄

Sind wir dem angestrebten Wegpunkt genügend nahe gekommen, wechseln wir den Wegpunkt. Eine Möglichkeit solche Wegpunkte zu berechnen ist die Definition von Parameterkurven. Ist die Kurve nach Bogenlänge parametrisiert, können wir eine Parametertransformation anwenden und ein Ease-in-Ease-out Verhalten realisieren. Eine Linie ist durch zwei Punkte `p1` und `p2` definiert. In der Funktion `ComputePath` berechnen wir die Wegpunkte für den Übergang in unserem einfachen Portal:

Berechnung der Wegpunkte in der Klasse LineEaseInEaseOut

```
protected override void ComputePath()
{
  m_arcL = Vector3.Distance(p1, p2);
  m_dirVec = p2 - p1;
  waypoints = new Vector3[NumberOfPoints];
  var t = 0.0f;
  var delta = (1.0f) / ((float)NumberOfPoints - 1.0f);
  for (var i = 0; i < NumberOfPoints; i++)
  {
    waypoints[i] = p1 + Mathf.SmoothStep(t) * m_dirVec;
    t += delta;
  }
}
```
◄

Das gewünschte Ease-In-Ease-Out Verhalten realisieren wir mit Hilfe eines Hermite-Polynoms in der Funktion `Mathf.SmoothStep`. Während des Durchlaufens der Wegpunkte setzen wir die Orientierung mit Hilfe der Funktion `LookAt` so, dass der `forward`-Vektor in Richtung des nächsten Wegpunkts zeigt. In der Komponente `SimpleForwardPortal` definieren wir die z-Werte für das Portal und den Endpunkt. Passieren wir die Position des Portals setzen wir Anfangs- und Endpunkt in der Komponente `LineEaseInEaseOut` und aktivieren sie. In Abb. 3.36 sind beide Komponenten vor dem Start der Anwendung zu sehen. Die Wegpunkte werden on-the-fly beim Start des Übergangs berechnet.

Wir haben ausgehend von *Real Walking* eine ganze Reihe von Verfahren eingeführt, mit denen wir in einer stationären Anwendung oder für einen Arbeitsbereich, der deutlich kleiner als die virtuelle Welt ist alle gewünschten Positionen erreichen kön-

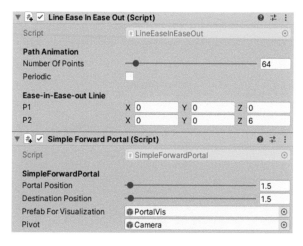

Abb. 3.36 Realisierung eines einfachen Portals auf der Basis von z-Koordinaten. Wird die Position des Portals erreicht werden die Anfangs- und Endpunkte für die Linie und die Wegpunkte berechnet. Das Prefab für die Visualisierung des Portals kann eingestellt werden

nen. Wir hatten bereits festgehalten, dass die erste Wahl immer Gehen im Arbeitsbereich ist. Abschließend werden wir Verfahren betrachten, die das Gehen mit der Möglichkeit verbinden sehr große virtuelle Entfernungen zu überbrücken.

Was das Gehen im Arbeitsbereich so gut einsetzbar macht, ist der visuelle Eindruck der Fortbewegung, gepaart mit Signalen an das menschliche Gleichgewichtsorgan, dass eine Bewegung stattfindet. Wir müssen dafür aber nicht den kompletten Gangzyklus ausführen. Mit *Gehen auf der Stelle*, engl. *Walking-in-Place (WiP)* [44, 51, 64] erzeugen wir dieses Feedback. Werden die Positionen der Beine oder Füße verfolgt, können wir versuchen aus diesen Signalen Daten für eine Fortbewegung zu gewinnen. Abb. 3.37 illustriert das Gehen auf der Stelle. Im Arbeitsbereich befinden wir uns im Punkt P_0 und laufen dort auf der Stelle. Die Position Q_0 stimmt mit P_0 überein. Wir lösen eine Fortbewegung in der virtuellen Szene aus, bei der wir durch Änderung der Bewegungsrichtung zu Punkten wie Q_1, Q_2 oder Q_3 gelangen. Die Punkte Q_2 und Q_3 sind durch Gehen im Arbeitsbereich nicht erreichbar.

In [51] und [64] wird ein neuronales Netz trainiert, um den menschlichen Gangzyklus zu erlernen und damit die Fortbewe-

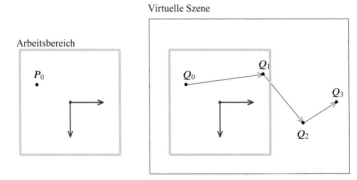

Abb. 3.37 Walking-in-Place im Arbeitsbereich führt dazu, dass wir die Position P_0 im Arbeitsbereich links nicht verlassen. Durch das Gehen auf der Stelle wird in der virtuellen Szene eine Bewegung ausgelöst, die zu einer Reihe von Positionen Q_1 bis Q_3 führt

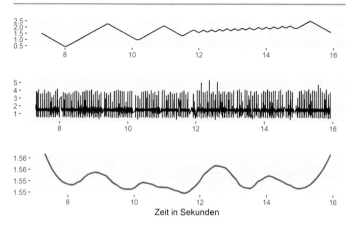

Abb. 3.38 Oben: In einer Realisierung der LLCM-WiP Technik werden die vertikalen Positionen eines Objekts protokolliert. Mitte: Mit finiten Differenzen wird die Geschwindigkeit dieser Bewegung geschätzt. Unten: Glättung der Signal-Geschwindigkeit mit Hilfe von Moving Average

gung zu steuern. Den für uns leichter zu realisierenden Ansatz *Low-Latency Continuous-Motion* Walking-in-Place (LLCM-WiP) finden wir in [15]. Die Autoren ersetzen das neuronale Netz durch Algorithmen aus der Signalverarbeitung. Die vertikale Geschwindigkeit eines Objekts wird protokolliert, diese Daten finden wir oben in Abb. 3.38. Mit Hilfe von finiten Differenzen schätzen wir die Geschwindigkeit dieses Signals, das Ergebnis finden wir in der Mitte von Abb. 3.38. Glätten wir dieses Signal wie unten in Abb. 3.38 können wir daraus eine Eingabe für die Steuerung der Bewegungsgeschwindigkeit ableiten. Die Glättung in der Abbildung wurde mit Moving Average durchgeführt.

Mit Hilfe der HTC Vive Tracker, die wir auch im Simulator von VIVE Input Utility im Rig finden, können wir Daten für das Fußgelenk oder Unterschenkel erzeugen. Stehen nur die beiden Controller zur Verfügung können wir die Geh-Bewegungen durch Bewegungen der Arme ersetzen [68]. Dann sprechen wir von *Arm Swinging*. Verfolgen wir die Positionen der Fußgelenke benötigen wir beide Beine. Verwenden wir die Positionen der Controller oder Handgelenke, können wir uns auf ein Signal beschränken.

Denkbar werden jetzt auch die z-Koordinaten der Controller, falls wir die Arme nach vorne und hinten schwingen.

Bevor wir konkrete Methoden realisieren leiten wir von `Locomotion` eine weitere abstrakte Klasse `InPlace Locomotion` ab. Wir werden die Fortbewegung durch die Bewegung von Gelenken triggern. Dafür sehen wir einen Schwellwert vor, der von der Signal-Geschwindigkeit überschritten werden muss, damit die Bewegung ausgelöst wird.

Abstrakte Basisklasse für WiP

```
public abstract class InPlaceLocomotion : Locomotion
{
  public GameObject OrientationObject;
  public float InitialSpeed = 1.0f;
  public float Threshold = 0.05f;
}
```
◄

Für die Realisierung von WiP benötigen wir Objekte, für die es Daten aus der Positionsverfolgung gibt. Dafür ist das von uns verwendete Package verantwortlich. Wie wir gesehen haben enthalten die Rigs Modelle der Controller als GameObjects. Das macht es möglich WiP-Algorithmen unabhängig vom verwendeten VR-Package zu realisieren. Denkbar ist sogar eine Klasse einzusetzen die die Bewegung eines Objekts mit Hilfe von Schwingungen simuliert.

Als einfaches Beispiel, das bereits für die Erzeugung der Daten aus Abb. 3.38 verwendet wurde, verwenden wir in der Klasse `OneTriggerConstantSpeedWiP` ein Objekt als Trigger für die Bewegung. Wir leiten diese Klasse von der Basisklasse `InPlaceLocomotion` ab und sehen ein weiteres GameObject vor, dessen Bewegungen die Fortbewegung auslöst. In Abb. 3.39 ist diese Komponente im Inspektor zu sehen. Wir bewegen den linken Controller. Mit dem rechten Controller definieren wir die Bewegungsrichtung. Hier wäre es auch gut denkbar die Blickrichtung einzusetzen. Die Komponente fügen wir dem Rig des VR-Packages hinzu und bewegen es damit.

Abb. 3.39 Realisierung von WiP in der Komponente `OneTrigger-ConstantSpeedWiP`

Angaben zur Geschwindigkeit im Inspektor

In den Klassen zur Fortbewegung verwenden wir die Variable `Time.deltaTime`, um die Zeit zwischen aktuellem und dem vorhergehenden Frame in Sekunden abzufragen. Für Längen und Strecken verwenden wir in einer VR-Anwendung die Einheit Meter. Daraus ergibt sich, dass wir intern die Geschwindigkeit in $\frac{m}{s}$ verarbeiten. Damit Angaben zu Geschwindigkeiten im Inspektor in einer für die Anwender leichter zu interpretierenden Einheit möglich wird, verwenden wir im Inspektor $\frac{km}{h}$ und rechnen diese Eingaben auf die Variablen in den Basisklassen um! ◄

Klassen, die wir von `InPlaceLocomotion` ableiten, müssen die Funktion `Trigger` implementieren. Wir verwenden finite Differenzen um die Geschwindigkeit des beobachteten Objekts zu schätzen. Ist diese Geschwindigkeit größer als der im Inspektor angegebene Schwellwert setzen wir die logische Variable `Moving` aus der Basisklasse `Locomotion` auf `true`:

Die Methode Trigger in OneTriggerConstantSpeedWiP

```
protected override void Trigger()
{
  float position = 0.0f,
  signalVelocity = 0.0f;
  position = TriggerObject.transform.position.y;
  signalVelocity =
```

```
        Mathf.Abs((position - m_LastValue) / Time.deltaTime);
    Moving = signalVelocity > Threshold;
    m_LastValue = position;
}
```

◀

Führen wir in `Trigger` eine Glättung der Signal-Geschwindigkeit durch, erhalten wir die Möglichkeit, diese Werte für die Geschwindigkeit der Fortbewegung zu nutzen. Möglich ist es auch andere Methoden der Systemsteuerung einzusetzen. Wie wir zwei Objekte in der Funktion `Trigger` verwenden ist klar. Wir sehen in einer Klasse `TwoTriggerWiP` ein zweites GameObject vor und berechnen finite Differenzen für beide Signale. In Abb. 3.40 ist diese Komponente im Inspektor zu sehen.

Alternativ zu Walking-in-Place können wir den kompletten Gangzyklus nutzen und dabei die Gang-Geschwindigkeit manipulieren. In [28] wird *Scaled Walking* vorgestellt, was wir mit *beschleunigtes Gehen* übersetzen können. Eine Evaluation dieser Technik finden wir in [6]. Dabei bedienen sich die Autoren der Metapher der *Siebenmeilenstiefel*. In Abb. 3.41 finden wir eine Darstellung des beschleunigten Gehens. Im Arbeitsbereich gehen wir vom Punkt P_0 zum Punkt P_1. Die beiden Punkte P_0 und Q_0 stimmen noch überein. Q_1, der korrespondieren Punkt in der Szene zu P_1, hat eine deutlich größere z-Koordinate. Wir sind jetzt an einer Position in der virtuellen Szene angelangt, die wir mit Gehen im Arbeitsbereich nicht erreichen können. Für die Abbildung wurde ein Faktor 3 gewählt.

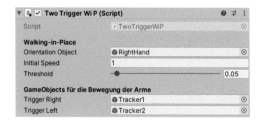

Abb. 3.40 Die Komponente `TwoTriggerWiP` im Unity Inspektor

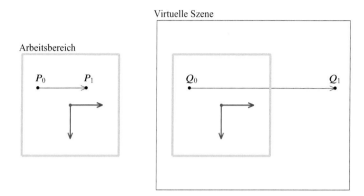

Abb. 3.41 Beschleunigtes Gehen mit einem Skalierungsfaktor von 3. Links: die Positionen im Arbeitsbereich. Der Abstand der beiden Punkte P_0 und P_1 beträgt 1.5. Links: die resultierenden Positionen in der virtuellen Szene. Der Abstand der Punkte Q_0 und Q_1 beträgt 4.5

Für die Realisierung des beschleunigten Gehens setzen wir voraus, dass wir im Arbeitsbereich gehen können. Ist P_1 unsere Position in Weltkoordinaten und P_0 die Vorgänger-Position, schätzen wir die Geschwindigkeit wieder mit Hilfe von finiten Differenzen:

$$v_E = \frac{d(P_0, P_1)}{\Delta t}. \tag{3.3}$$

In Unity verwenden wir für Δt den Wert `Time.deltaTime`. Definieren wir einen Wert C, aktivieren wir unsere Siebenmeilenstiefel falls v_E größer als C ist. Der Vektor $\mathbf{P_0P_1}$ zwischen P_0 und P_1 hilft uns nicht nur die Geschwindigkeit der Bewegung anzunähern, wir können daraus auch eine Schätzung für die Bewegungsrichtung erstellen. Wir normieren den Vektor und nennen diese Prognose $\mathbf{p}$:

$$\mathbf{p} = \frac{1}{d(P_0, P_1)} \cdot \mathbf{P_0P_1} \tag{3.4}$$

Beginnen wir erst mit dem Gehen oder haben längere Zeit gestanden ist **p** nicht unbedingt eine gute Prognose. Hier bietet es sich an die Blickrichtung **v** als weitere Prognose einzusetzen. Die neue Prognose **d** der Bewegungsrichtung bestimmen wir als Konvexkombination aus diesen beiden Einheitsvektoren:

$$\mathbf{d} = (1 - \alpha) \cdot \mathbf{v} + \alpha \cdot \mathbf{p}, 0 \le \alpha \le 1. \tag{3.5}$$

Wir normieren das Ergebnis aus Gl. (3.5), da wir eine Richtung suchen. Stehen die Anwender oder ist die Abstand zwischen P_0 und P_1 sehr klein setzen wir $\alpha = 0$. Für eine Wahl von α liegt jetzt eine Situation wie in Abb. 3.42 vor.

Um den Vektor **d** besser zu beschreiben nutzen wir im Punkt P_1 ein orthonormales Koordinatensystem mit **p** als x-Achse. Die so entstehende y-Achse des lokalen Koordinatensystems bezeichnen wir wie in Abb. 3.43 als **q**. Wir können die neu berechnete Bewegungsrichtung in diesem Koordinatensystem als

$$\mathbf{d} = d_p \mathbf{p} + d_q \mathbf{q}. \tag{3.6}$$

beschreiben.

Abb. 3.42 Prognose der Bewegungsrichtung **d** auf der Basis von **p** und der Blickrichtung **v**, die nicht eingezeichnet ist

Abb. 3.43 Beschreibung der Bewegungsrichtung mit Hilfe eines orthonormalen Koordinatensystems im Punkt P_1

Multiplizieren wir **d** mit einem Skalar, verändern wir die dadurch entstehende Position nicht nur in Richtung **p**, sondern auch orthogonal dazu. Besser ist es nur den Koeffizienten d_p in Gl. (3.6) zu skalieren. Ist f die nichtlineare Veränderung, dann berechnen wir die neue Position P als

$$P = f(d_p) \cdot \mathbf{p} + d_q \cdot \mathbf{q}. \qquad (3.7)$$

Für die Funktion f können wir eine Treppenfunktion einsetzen, die vom Wert 1 sofort zum maximal möglichen Wert springt. Es macht Sinn f mit einer Ease-in-Ease-out Strategie so zu verändern, dass die Erhöhung der Geschwindigkeit nicht abrupt wahrgenommen wird. Ist in der Konvexkombination (3.5) der Koeffizient α durch 1 gegeben, können wir auf die Berechnung von **q** und d_q verzichten. In [15] finden wir eine Reihe weiterer Varianten des dargestellten Vorgehens. Die Autoren verwenden mehr als die letzten zwei Positionen für die Prognose **p**. Sie beschreiben einen Puffer von n Positionen, interpolieren diese Punkte mit Hilfe eines Polynoms und führen mit dieser Funktion eine Extrapolation aus. Es ist zu erwarten, dass damit die Prognosen der Bewegungsrichtung besser werden, jedoch steigt dafür auch der Aufwand. Es ist naheliegend, dass wir für die Prognose des nächsten Ziels einer Bewegung der Anwender in der virtuellen Szene Algorithmen aus der KI einsetzen. Wir können mit den protokollierten Daten vieler Anwender neuronale Netze oder andere Verfahren aus dem maschinellen Lernen trainieren und das so gewonnene Modell in die VR-Anwendung integrieren.

Wie für Walking-in-Place leiten wir auch für Scaled Walking eine abstrakte Klasse von `Locomotion` ab. Wir können ein Objekt einstellen von dem wir die Blickrichtung ablesen. Sinnvoller Weise ist dies die Kamera, die wir im Rig der VR-Packages finden. Wir stellen den Schwellwert für das Auslösen der Beschleunigung ein. Für die Erzeugung eines Ease-in-Ease-out Übergangs zwischen der Skalierung 1 und dem maximal möglichen Wert stellen wir einen weiteren Wert für die geschätzte Bewegungsgeschwindigkeit ein, ab dem die maximale Skalierung eintreten soll. In Abb. 3.44 finden wir diese Komponente im Inspektor. Ist die Schätzung der Geschwindigkeit größer als 2,

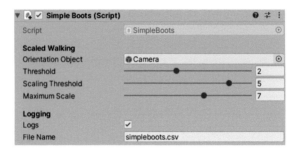

Abb. 3.44 Das Interface für eine Scaled Walking Komponente im Unity Inspektor. Das `OrientationObject` ist in der Regel durch die Kamera im VR-Rig gegeben

werden die Siebenmeilenstiefel ausgelöst. Ist diese Schätzung größer als 5, haben wir die maximale Skalierung 7 erreicht.

In Abb. 3.44 erkennen wir, dass wir wie schon für Walking-in-Place ein Objekt in der Szene benötigen, dessen Position verfolgt wird. Wieder gelingt es diese Fortbewegung unabhängig von den XR-Packages zu realisieren. Die Klasse `ScaledWalking` hat eine abstrakte Funktion `Trigger`, in der wir in den Realisierungen die Strategien für die Prognose der Bewegungsrichtung und die nichtlineare Manipulation implementieren. Im Gegensatz zu den bisher realisierten Klassen verzichten wir hier darauf, für die berechnete Bewegungsrichtung einen Einheitsvektor zu bilden und verwenden die skalierte Richtung in `Move`.

Update und Move in der abstrakten Klasse ScaledWalking

```
protected virtual void Update()
{
  Trigger();
  if (!Moving) return;
  Move();
}
protected override void Move()
{
  transform.Translate(m_Direction);
}
```

◀

Wir leiten von der Basisklasse eine einfache Realisierung `SimpleBoots` ab, die wie im Text beschrieben die aktuelle und die Vorgänger-Position im Arbeitsbereich für die Schätzung der Bewegungsgeschwindigkeit einsetzt. Wir schätzen die Geschwindigkeit wieder mit Hilfe von finiten Differenzen:

Die Funktion Trigger in SimpleBoots

```
protected override void Trigger()
{
  var position = OrientationObject.transform.localPosition;
  var p = position - m_LastPosition;
  var signalVelocity = (1.0f / Time.deltaTime) * p;
  var delta = Vector3.Magnitude(signalVelocity) - Threshold;
  Moving = delta > 0.0f;
}
```

◄

Dabei speichern wir die Vorgänger-Position auf `m_Last Position`. Wir setzen den Wert für den Koeffizienten α auf der gleichnamigen Variablen. Dann können wir eine Funktion implementieren, die eine Prognose der Bewegungsrichtung berechnet. Wir machen aus dem Vektor zwischen der aktuellen und der Vorgänger-Position eine normierte Kopie, deren y-Koordinate Null ist. Die Blickrichtung **v** fragen wir ab und stellen sicher, dass wir wie beschrieben in einem zweidimensionalen Koordinatensystem arbeiten können. Für die Konvexkombination verwenden wir die Funktion `Vector3.Lerp` und normieren das Ergebnis:

Prognose der Bewegungsrichtung in SimpleBoots

```
private void m_PredictDirection(Vector3 p, float alpha)
{
  var localP = p;
  localP.y = 0.0f;
  var v = OrientationObject.transform.forward;
  v.y = 0.0f;
  m_Direction = Vector3.Lerp(v.normalized,
    localP.normalized,
    alpha);
  m_Direction.Normalize();
}
```

◄

Jetzt sind wir soweit, dass wir die Skalierung der Bewegungsrichtung durchführen können. Wir benötigen keine Kopie des Parameters p mehr, müssen aber dafür sorgen, dass wir in einem zweidimensionalen Koordinatensystem arbeiten. Damit sind wir im Besitz des Vektors **p** in Abb. 3.43. In der Darstellung haben wir ein rechtshändiges Koordinatensystem verwendet. Bei der Berechnung des Vektors **q** müssen wir berücksichtigen, dass wir in Unity ein linkshändiges Koordinatensystem verwenden, wir drehen jetzt im Uhrzeigersinn. Die Basiskoeffizienten bezüglich dieser Basis, die Variablen dp und dq, berechnen wir mit Hilfe des euklidischen Skalarprodukts in der Funktion Vector3.Dot. Auf dp wenden wir die Skalierung an und geben die Linearkombination anschließend zurück:

Berechnungen im lokalen Koordinatensystem

```
private Vector3 m_ManipulateDirection(Vector3 p)
{
  p.y = 0.0f;
  var q = new Vector3(p.z, 0.0f, -p.x);
  var dp = Vector3.Dot(p.normalized, m_Direction);
  var dq = Vector3.Dot(q, m_Direction);
  dp = NonlinearScaling(dp);
  return dp * p + dq * q;
}
```

◀

Es bleibt noch die Implementierung der Funktion NonlinearScaling, die wir in der Basisklasse ScaledWalking aufnehmen können. Ein Ease-in-Ease-out Verhalten können wir in Unity mit der Funktion Mathf.SmoothStep realisieren. In dieser Funktion wird das Hermite-Polynom $h(t) = t^2 \cdot (3 - 2t)$ berechnet. Eine Darstellung dieses Polynoms finden wir in Abb. 3.45. Die ersten beiden Parameter legen den minimalen und den maximalen Wert fest, zwischen denen überblendet werden soll. Das Polynom selbst bildet das Einheitsintervall auf das Einheitsintervall ab.

Abb. 3.45 Das Hermite-Polynom in der Funktion *SmoothStep* in Unity

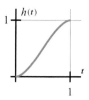

Für Scaled Walking benötigen wir Werte zwischen 1 und dem maximalen Wert `MaximumScale`. Wir setzen Werte zwischen `Threshold` und `ScalingThreshold` ein:

NonlinearScaling in der abstrakten Klasse ScaledWalking

```
protected virtual float NonlinearScaling(float t)
{
  return MaximumScale * Mathf.SmoothStep(0.0f, 1.0f,
      (t - 1.0f) / (ScalingThreshold - 1.0f) ) + 1.0f;
}
```

◄

Gehen wir im Arbeitsbereich mit einer großen Geschwindigkeit, erreichen wir den maximalen Faktor sehr schnell. Den Faktor 7 als Reminiszenz an die Siebenmeilenstiefel nehmen wir ganz sicher wahr. Hat der Arbeitsbereich die Ausmaße 3 Meter × 3 Meter können wir in einer Szene wie `Gang` in z-Richtung eine Distanz von bis zu 9 Metern zurücklegen, falls wir den Faktor 3 verwenden.

Das Ziel das wir anstreben ist natürlich in einem endlichen Arbeitsbereich einen unbegrenzten Bereich in der virtuellen Welt realisieren zu können. Wir suchen nach einer Technik für ein *Infinite Walking*. Bei Scaled Walking haben wir eine Translation eingesetzt, die für einen großen Skalierungsfaktor ziemlich sicher wahrgenommen wird. Seit der ersten Veröffentlichung von Razzaque et. al. [48] im Jahr 2001 gibt es eine Vielzahl von Veröffentlichungen zu *Redirected Walking*, einer *Neuausrichtung des Gehens*. Wir werden die Abkürzung *RDW* dafür verwenden. Das Ziel von RDW ist, mit einem endlichen Arbeitsbereich in

dem wir Gehen, ein möglichst großen Bereich in der virtuellen
Szene überdecken zu können. Dabei sollen die Anwender im
Gegensatz zu Scaled Walking die Manipulation der Positionen
möglichst nicht wahrnehmen. Von Steinicke el. al. [43,54] gibt es
eine hervorragende Darstellung von RDW, der wir folgen werden.
Für eine Realisierung von RDW gibt es vier Anforderungen:

Unbemerkbarkeit   Die eingesetzte Manipulation der Position
und Orientierung soll von den Anwendern nicht bemerkt
werden.

Sicherheit   Durch eine RDW-Technik muss die Sicherheit der
Anwender stets gewährleistet werden.

Übertragbarkeit   Eine RDW-Technik soll allgemein, ohne
Voraussetzungen an die Szene oder das Ziel der Anwender,
einsetzbar sein.

Ohne Seiteneffekte   Eine RDW-Technik soll es vermeiden un-
erwünschte Seiteneffekte, insbesondere Cybersickness, her-
vorzurufen. Wir müssen auch vermeiden, dass die kognitive
Last der Anwender durch den Einsatz einer RDW-Technik
steigt.

Allgemein gibt es zwei Ansätze RDW zu realisieren. Wie schon
bei Scaled Walking oder Walking-in-Place können wir Werte der
Positionsverfolgung auf Werte in der virtuellen Szene abbilden.
Ein anderer Ansatz ist die virtuelle Szene und ihre Topologie
zu manipulieren. Hier versucht man die Change Blindness der
Anwender auszunutzen [5, 32, 43, 56, 66].

Ob eine RDW-Technik wahrgenommen wird oder nicht, hängt
von der verwendeten Manipulation ab. Dies können wir uns
nochmals am Scaled Walking klar machen. Siebenmeilenstiefel
sind weit davon entfernt, nicht bemerkt zu werden. Die Werte
ab denen wir eine RDW-Technik wahrnehmen, die *detection
thresholds*, werden in empirischen Studien bestimmt. Wir werden
bei den einzelnen Techniken darauf näher eingehen. Gefährlicher
ist die Tatsache, dass eine Kollision mit Wänden oder für die
Anwender nicht sichtbare Gegenständen droht, was wir auf jeden
Fall vermeiden müssen. Dafür gibt es sogenannte *Reset*-Aktionen.
Am schwierigsten ist die Forderung, dass wir keine unerwünsch-
ten Seiteneffekte hervorrufen sollen. Das größte Problem hier ist,

dass wir zur Zeit gar nicht genug über Cybersickness und die Ursachen dafür wissen, um diese Forderung immer zu erfüllen.

Trotz aller Vorsicht kann RDW dazu führen, dass die Anwender an den Rand des Arbeitsbereiches gelangen. Außerhalb dieses Bereichs verlieren wir die Positionsverfolgung. Müssen wir einen Reset durchführen, wird diese Veränderung auf jeden Fall wahrgenommen. Williams et. al. [67] haben für den Fall, dass die Anwender an die Grenze des Arbeitsbereiches gelangen, verschiedene Strategien beschrieben und evaluiert. Wir gehen für diese Aktionen davon aus, dass sich eine weitere Person in der Nähe des Arbeitsbereiches aufhält, die intervenieren und die Anwender leiten kann. Wird während der Anwendung der Rand des Arbeitsbereiches erreicht wird mit der *Freeze-Backup*-Technik die Anwendung eingefroren. Die Anwender werden in die Mitte oder an einen anderen sicheren Ort im Arbeitsbereich geführt. Anschließend wird die Anwendung wieder aktiviert. Dabei wird sicher gestellt, dass sich die virtuelle Position der Anwender während des Backups nicht verändert. In Abb. 3.46 ist die Freeze-Backup Technik in der Gang-Szene zu sehen. Es wäre auch möglich gewesen ein Backup in den Ursprung des Arbeitsbereiches durchzuführen. Da es sehr wahrscheinlich ist, dass die Bewegung zukünftig weiter in z-Richtung erfolgt wurde die Entscheidung getroffen, bis zum entgegengesetzten Rand des Arbeitsbereiches zu führen.

Für die Realisierung solcher RDW-Controller implementieren wir eine Basisklasse `RedirectionController`:

Basisklasse RedirectionController

```
public abstract class RedirectionController : MonoBehaviour
{
  public Transform TrackedObject;
  public bool Active = false;
  protected virtual void Update()
  {
    Redirect();
  }
  protected abstract void Redirect();
}
```
◄

Virtuelle Szene

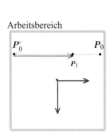

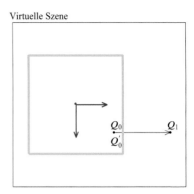

Abb. 3.46 Die Freeze-Backup Technik in der Szene *Gang*. Vektoren in schwarz sind korrespondiere Bewegungen in Arbeitsbereich und virtueller Szene. Vektoren in hellgrau sind Bewegungen im Arbeitsbereich, die unter Aufsicht ausgeführt werden. Während der Anwendung wird der Punkt P_0 am Rand des Arbeitsbereiches erreicht. Die Anwendung wird eingefroren und es wird ein Backup zum Punkt P'_0 durchgeführt. Anschließend wird die Anwendung wieder ausgeführt, in der Szene stimmen die Positionen Q_0 und Q'_0 überein. Die Bewegung zu Punkt P_1 führt in der virtuellen Szene zum Punkt Q_1

Für Freeze-Backup implementieren wir die `Redirect`-Methode so, dass sich beim Backup der Anwender die Ansicht der virtuellen Umgebung nicht verändert:

Realisierung von Freeze-Backup

```
public class FreezeBackup : RedirectionController
{
  protected override void Redirect()
  {
      if (!Active) return;
      gameObject.transform.position = new Vector3(
          gameObject.transform.position.x,
          gameObject.transform.position.y,
          m_FreezeValue - TrackedObject.localPosition.z);
  }
  protected void Freeze()
  {
```

```
        m_FreezeValue = TrackedObject.position.z;
    }
}
```

◀

Als Alternative zu Freeze-Backup schlagen die Autoren die *Freeze-Turn*-Technik vor. Auch hier wird die Anwendung eingefroren. Jetzt werden die Anwender angeleitet, sich um sich selbst zu drehen, so dass sie in Richtung des Zentrums des Arbeitsbereiches oder einen anderen sicheren Ort orientiert sind. Anschließend wird die Anwendung wieder aktiviert, In Abb. 3.47 ist die Freeze-Turn Technik in der Gang-Szene zu sehen. Hier wurde eine Drehung in Richtung des Zentrums des Arbeitsbereiches durchgeführt, um anschließend eine möglichst große Bewegung in z-Richtung zu bieten. Während des Turns wird die virtuelle Szene so orientiert, dass die Blickrichtung mit der vor der Drehung übereinstimmt.

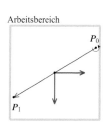
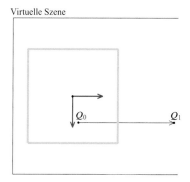

Abb. 3.47 Die Freeze-Turn Technik in der Szene *Gang*. Während der Fortbewegung wird der Punkt P_0 am Rand des Arbeitsbereiches erreicht. Die Anwendung wird eingefroren. Unter Anleitung wird eine Drehung durchgeführt, so dass die Anwender zum Zentrum des Arbeitsbereiches orientiert sind. Anschließend wird die Anwendung wieder ausgeführt, Die Bewegung zu Punkt P_1 führt in der virtuellen Szene zum Punkt Q_1

Den Controller für `FreezeTurn` können wir analog zu
`FreezeBackup` realisieren. Hier müssen wir die Rotation
kompensieren. Wir drehen um die Position des getrackten Objekts
im Rig, dazu verwenden wir die Funktion `RotateAround`:

FreezeTurnController

```
public class FreezeTurn : RedirectionController
{
  protected override void Redirect()
  {
      if (!Active) return;
      gameObject.transform.RotateAround(
        TrackedObject.position,
        Vector3.up,
        m_FreezeValue-TrackedObject.rotation.eulerAngles.y);
  }
  protected void Freeze()
  {
      m_FreezeValue = TrackedObject.rotation.eulerAngles.y;
  }
}
```

◀

In der Methode `Freeze` speichern wir die Position des Objekts `TrackedObject`, damit wir diese Klasse mehrfach in
einer Anwendung aktivieren können.

Bei der 2 : 1-Technik werden die Anwender beim Erreichen eines Punkts am Rand des Arbeitsbereiches aufgefordert
stehen zu bleiben und sich einmal um die eigene Achse zu
drehen. Während der Drehung verdoppelt die Anwendung den
Rotationswinkel aus der Positionsverfolgung. Dies führt dazu,
dass die Anwender bereits bei 180° die Drehung beenden. In
der virtuellen Welt wurde eine 360°-Drehung durchgeführt, so
dass sich die virtuelle Sichtrichtung nicht verändert hat. Durch
die 180°-Drehung im Arbeitsbereich sind die Anwender in den
sicheren Bereich orientiert. In Abb. 3.48 ist die 2 : 1 Technik in
der Gang-Szene zu sehen. Nach der Drehung der Anwender, die in
der Anwendung skaliert wird führt das Gehen im Arbeitsbereich
wieder zu einer sicheren Fortbewegung in der virtuellen Szene.
Während der manipulierten Drehung um sich selbst wird die

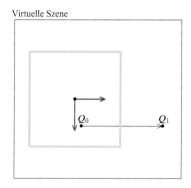

Virtuelle Szene

Arbeitsbereich

Abb. 3.48 Die 2 : 1 Technik in der Szene *Gang*. Während der Anwendung wird der Punkt P_0 am Rand des Arbeitsbereiches erreicht. Die Anwender werden aufgefordert stehen zu bleiben und sich einmal um sich selbst zu drehen. In der Anwendung wird der Rotationswinkel aus der Positions-verfolgung verdoppelt, so dass die Anwender ihre Drehung bereits nach 180° beenden. Die Anwender sind jetzt in das Innere des Arbeitsbereiches orientiert, die Anwendung wird wieder ausgeführt. Die Bewegung zu Punkt P_1 führt in der virtuellen Szene zum Punkt Q_1

virtuelle Szene so orientiert, dass die Blickrichtung mit der vor der Drehung übereinstimmt. Hier ist es sinnvoll die Anwender von der Manipulation abzulenken.

2:1 Technik

```
public class TwoToOneReset : RedirectionController
{
  protected override void Redirect()
  {
    if (!Active) return;
    gameObject.transform.RotateAround(
      TrackedObject.position,
      Vector3.up,
      TrackedObject.localRotation.eulerAngles.y - m_LastValue);
    m_LastValue = TrackedObject.localRotation.eulerAngles.y;
  }
  private float m_LastValue;
}
```

◄

Abb. 3.49 Physikalische und virtuelle Strecke T_s und T_v für die Berechnung des Translational Gains T_g in Gl. (3.8)

Nach den Reset-Aktionen betrachten wir jetzt die in der Literatur eingeführten Redirection Aktionen. Mit Scaled Walking haben wir bereits eine solche Technik eingeführt. Jetzt skalieren wir die Translation der Anwender jedoch so, dass sie möglichst nicht wahrgenommen wird. Als RDW-Aktion nennen wir die skalierte Translation *Translational Gain*. Mit dem *gain*, dem Zuwachs der Translation, messen wir das Verhältnis zwischen der im Arbeitsbereich und in der virtuellen Szene zurückgelegten Strecke. Ist D_s die Länge des Wegs im Arbeitsbereich und D_v das Pendant in der virtuellen Szene, dann definieren wir den Translational Gain T_g als

$$T_g = \frac{T_v}{T_s}. \tag{3.8}$$

Ein Wert $T_g > 1$ wie in Abb. 3.49 bedeutet, dass die Länge der virtuellen Strecke größer als die physikalisch zurückgelegte Distanz ist.

Die Implementierung des Redirection Controllers können wir ähnlich wie bei `ScaledWalking` gestalten. Wir verzichten komplett auf den Versuch, das Ziel zu prognostizieren und führen die Veränderung abhängig vom eingestellten Wert für T_g, den wir auf der Variablen `Gain` ablegen, durch:

Translational Gain Controller

```
public class TranslationalGain : RedirectionController
{
    public float Gain = 1.0f;
```

```
protected void Awake()
{
  m_LastValue = TrackedObject.localPosition.z;
}

protected override void Redirect()
{
  var diff = TrackedObject.localPosition.z - m_LastValue;
  if (Mathf.Abs(diff) > Mathf.Epsilon)
  {
    var redirection = new Vector3(0.0f,
      0.0f,
      (Gain - 1.0f) * diff);
    gameObject.transform.position += redirection;
  }
  m_LastValue = TrackedObject.localPosition.z;
}
}
```

◀

Neben der Translation können wir die Orientierung mit Hilfe von Rotationen um eine Achse manipulieren. Bei der 2 : 1-Technik haben wir dies bereits eingesetzt. Ist φ_s der Rotationswinkel in der Realität und φ_v das Pendant in der virtuellen Szene, dann definieren wir den *Rotational Gain* R_g als

$$R_g = \frac{\varphi_v}{\varphi_s}. \qquad (3.9)$$

Bei der 2 : 1-Technik hatten wir einen Wert $R_g = 2$ eingesetzt, den wir auch in Abb. 3.50 verwenden.

Abb. 3.50 Der physikalische und virtuelle Rotationswinkel φ_s, φ_v und $R_g = 2$ in Gl. (3.9)

Wir implementieren dafür die Klasse `Rotational Gain`:

Rotational Gain Controller

```
public class RotationalGain : RedirectionController
{
  public float Gain = 1.0f;
  protected void Awake()
  {
    m_LastValue = TrackedObject.localRotation.eulerAngles.y;
  }
  protected override void Redirect()
  {
    var diff =
      TrackedObject.localRotation.eulerAngles.y - m_LastValue;
    if (Mathf.Abs(diff) > Mathf.Epsilon)
    {
      gameObject.transform.RotateAround(
        TrackedObject.position,
        Vector3.up,
        (Gain - 1.0f) * diff);
    }
    m_LastValue = TrackedObject.localRotation.eulerAngles.y;
  }
}
```

◀

Wie schon in der Klasse `TwoToOneReset`, lesen wir die lokale Rotation von `TrackedObject` und rotieren angepasst an den eingestellten Wert für `Gain` um die Position des getrackten Objekts in Weltkoordinaten.

In [52, 53] und in der Übersicht [43] finden wir Ergebnisse empirischer Studien für Schranken der Werte T_g und R_g. Der mittlere Wert für T_g, bei dem die Veränderung nicht wahrgenommen wurde, lag in diesem Experiment bei 1.07. Die Ergebnisse der Studie zeigen, dass wir mit Translational Gains zwischen 0.86 und 1.26 arbeiten können. In den Abbildungen gehen wir immer von einem Arbeitsbereich aus, der 3 Meter × 3 Meter groß ist. Die empirischen Ergebnisse lassen annehmen, dass wir mit Hilfe einer skalierten Translation eine virtuelle Fläche von rund 3.8 Meter × 3.8 Meter erreichen können. Für die Manipulation der Rotationswinkel finden wir bereits in [48] Angaben, dass kleine Unterschiede in den Drehwinkeln fast nicht wahrgenommen werden. In [53] finden wir einen Bereich für R_g zwischen 0.8 und 1.49 für nicht-wahrnehmbare Rotationen. Dabei werden Drehungen, die in die gleiche Richtung wie die Kopf-Rotation gehen deutlich weniger wahrgenommen. Es muss uns klar sein, dass diese empirisch ermittelten Werte nicht auf jede Anwendung übertragen werden können. Bewegen sich Anwender in einem Stadt-Modell oder einem Gebäude, dann werden sie Entfernungen sehr gut abschätzen können. Hier müssen wir erwarten, dass die Schranken für eine wahrnehmbare Manipulation von Translation und auch Rotation deutlich kleiner sind.

Neben der Manipulation der Translation und der Rotation können wir den Anwendern die Illusion vermitteln auf einer Linie in der virtuellen Welt zu laufen, obwohl sie sich in der Realität auf einer Kreisbahn bewegen. In Abb. 3.51 sind diese beiden Wege dargestellt. Wir erreichen einen solchen Curvature Gain durch kleine virtuelle Drehungen während die Anwender gehen. Wie schon bei Scaled Walking benötigen wir für den Einsatz von Curvature Gain eine Prognose für das Ziel der Anwender.

Auch hier stellt sich die Frage nach Schranken für die Wahrnehmung. In [4] finden wir die Angabe, dass bei einem Radius von mindestens 22.5 Meter die Anwender nicht mehr realisieren, dass sie eigentlich nicht geradeaus laufen. In [20] findet man kleinere Angaben wie 11.6 Meter bis zu 6.4 Meter für den Radius. Die Ergebnisse deuten daraufhin, dass diese Studien noch kein endgültiges Bild abgeben. Bei einem *Bending Gain* laufen die

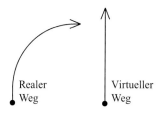

Abb. 3.51 Curvature Gain führt im Arbeitsbereich zu einem Gehen auf einer Kreisbahn, während in der virtuellen Szene scheinbar eine Linie verfolgt wird

Abb. 3.52 Bending
Gain führt im
Arbeitsbereich zu einem
Gehen auf einer
Kreisbahn mit einer
kleineren Krümmung als
in der virtuellen Szene

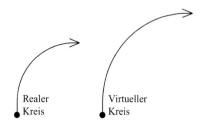

Realer   Virtueller
Kreis   Kreis

Anwender im Arbeitsbereich auf einem Kreis, der eine größere Krümmung aufweist als der Kreis, der scheinbar in der virtuellen Welt gegangen wird wie in Abb. 3.52. In [33] finden wir Angaben, dass der virtuelle Radius bis 4.4-mal größer sein kann als der Radius der Kreisbahn im Arbeitsbereich.

In der Literatur finden wir eine große Anzahl von Vorschlägen für weitere RDW-Controller. Die Verwendung von Algorithmen aus dem maschinellen Lernen wird für RDW immer häufiger untersucht. Eine Sammlung von Veröffentlichungen zu diesem Thema finden wir im Repository `Awesome-Redirected Walking` [37]. Auf GitHub finden wir zwei Repositories, in denen die bekannten Algorithmen in einem Unity-Projekt zusammengefasst sind. Damit existieren erweiterbare Plattformen für Algorithmen und Benchmarks. Damit soll die Entwicklung neuer Verfahren und Realisierungen unterstützt werden. Zu dem Repository *Redirected Walking Toolkit* [3] gibt es die Veröffentlichung [4]. Seit 2021 existiert das Repository Open RDW [36, 38]. Beide Repositories wurden mit älteren Versionen von Unity erstellt, können aber nach der Installation der erforderlichen Packages mit den aktuellen LTS-Versionen von Unity geöffnet werden.

Do it yourself!

3.5 (Redirected Walking)

Wir verwenden einen langen Gang wie in Abb. 3.53 und die dort eingezeichneten Positionen. In Tab. 3.2 finden wir die Koordinaten in der virtuellen Umgebung in Meter für ein linkshändiges Koordinatensystem. Die Anwender haben die Aufgabe, den in Abb. 3.53 angegebenen Weg abzugehen.

Virtuelle Szene

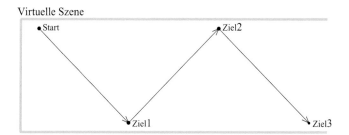

Abb. 3.53 Startposition und Zielpunkte für Aufgabe 3.5

Tab. 3.2 Die x- und z-Koordinaten in Meter im linkshändigen Koordinatensystem von Unity für die Positionen in Aufgabe 3.5

	x	z
Start	−1.0	0.0
Ziel 1	1.0	2.0
Ziel 2	−1.0	4.0
Ziel 3	1.0	6.0

Zu Beginn drehen wir die Szene so, dass die Anwender im Startpunkt mit x-Koordinate -1 und z-Koordinaten 0 stehen und in Richtung des Zielpunkts 1 schauen. Sobald die Anwender ein Ziel erreicht haben erhalten sie die Aufgabe, in Richtung des nächsten Zielpunkts zu blicken. Intern wenden wir die folgenden Aktionen an:

1. Beim Gehen vom Startpunkt zu Ziel 1 verwenden wir einen Translational Gain von $T_g = \sqrt{2}$.
2. Bei der Drehung in Richtung von Ziel 2 verwenden wir einen Rotational Gain von $R_g = \frac{2}{3}$.
3. Beim Gehen von Zielpunkt 1 zu Zielpunkt 2 setzen wir $T_g = 1$.
4. Bei der Drehung in Richtung von Ziel 3 verwenden wir einen Rotational Gain von $R_g = \frac{2}{3}$.
5. Beim Gehen zu Ziel 3 verwenden wir einen Translational Gain von $T_g = \sqrt{2}$.

Gehen Sie davon aus, dass der Startpunkt im Arbeitsbereich die gleichen Koordinaten besitzt wie in Tab. 3.2 angegeben. Gehen Sie für die Lösung der Aufgaben von einem Arbeitsbereich von 3 Meter × 3 Meter aus. Geben Sie die Koordinaten im Arbeitsbereich der korrespondierenden Punkte an und zeichnen Sie den zurückgelegten Weg im Arbeitsbereich in eine Skizze ein!

3.6 (Point Tugging)

In [8] schlagen Williams el. al. die Fortbewegung mit *Point Tugging* vor. Die Anwender halten einen Punkt im Raum fest, bewegen die virtuelle Umgebung zu sich hin oder weg und definieren damit eine Fortbewegung. Realisieren Sie eine Komponente für diese Technik!

Literatur

1. Ablett, D., Cunningham, A., Lee, G.A., Thomas, B.H.: Portal rendering and creation interactions in virtual reality. In: 2022 IEEE International Symposium on Mixed and Augmented Reality (ISMAR), S. 160–168 (2022). https://doi.org/10.1109/ISMAR55827.2022.00030
2. Al Zayer, M., MacNeilage, P., Folmer, E.: Virtual locomotion: a survey. IEEE Trans. Vis. Comput. Graph. **26**(6), 2315–2334 (2020). https://doi.org/10.1109/TVCG.2018.2887379
3. Azmandian, M.: The redirected walking toolkit. https://github.com/USC-ICT-MxR/RDWT. Zugegriffen am 23.02.2023
4. Azmandian, M., Grechkin, T., Bolas, M., Suma, E.: The redirected walking toolkit: a unified development platform for exploring large virtual environments. In: 2016 IEEE 2nd Workshop on Everyday Virtual Reality (WEVR), S. 9–14 (2016). https://doi.org/10.1109/WEVR.2016.7859537
5. Azmandian, M., Yahata, R., Bolas, M., Suma, E.: An enhanced steering algorithm for redirected walking in virtual environments. In: 2014 IEEE Virtual Reality (VR), S. 65–66 (2014). https://doi.org/10.1109/VR.2014.6802053
6. Boysen, Y., Husung, M., Mantei, T., Müller, L.M., Schimmelpfennig, J., Uzolas, L., Langbehn, E.: Scale & Walk: Evaluation von skalierungsbasierten Interaktionstechniken zur natürlichen Fortbewegung in VR. In: Dachselt, R., Weber, G. (Hrsg.) Mensch und Computer 2018 – Tagungsband. Gesellschaft für Informatik e.V., Bonn (2018). https://doi.org/10.18420/muc2018-mci-0219
7. Brooks, F.: What's real about virtual reality? IEEE Comput. Graph. Appl. **19**(6), 16–27 (1999)
8. Coomer, N., Bullard, S., Clinton, W., Williams, B.: Evaluating the effects of four VR locomotion methods: joystick, ARM-cycling, point-

tugging, and teleporting. In: Proceedings of the 15th ACM Symposium on Applied Perception, S. 1–8. ACM (2018). https://doi.org/10.1145/3225153.3225175

9. Cruz-Neira, C., Sandin, D.J., DeFanti, T.A., Kenyon, R.V., Hart, J.C.: The CAVE: audio visual experience automatic virtual environment. Commun. ACM **35**(6), 64–72 (1992)

10. Cruz-Neira, C., Sandin, D.J., DeFanti, T.A.: Surround-screen projection-based virtual reality: the design and implementation of the CAVE. In: SIGGRAPH '93: Proceedings of the 20th Annual Conference on Computer Graphics and Interactive Techniques, S. 135–142. ACM (1993)

11. Darken, R.P., Cockayne, W.R., Carmein, D.: The omni-directional treadmill: a locomotion device for virtual worlds. In: UIST '97: Proceedings of the 10th Annual ACM Symposium on User Interface Software and Technology, S. 213–221 (1997)

12. De Luca, A., Mattone, R., Robuffo Giordano, P., Ulbrich, H., Schwaiger, M., Van den Bergh, M., Koller-Meier, E., Van Gool, L.: Motion control of the cybercarpet platform. IEEE Trans. Control Syst. Technol. **21**(2), 410–427 (2013). https://doi.org/10.1109/TCST.2012.2185051

13. DIN ISO 33402-2:2005-12: Körpermaße des Menschen Teil 2 – Ergonomie. Beuth (2005). https://doi.org/10.31030/9655264

14. Dodgson, N.A.: Variation and extrema of human interpupillary distance. In: Stereoscopy Displays and Virtual Reality Systems XI. **5291**, 36–46 (2004)

15. Feasel, J., Whitton, M.C., Wendt, J.D.: LLCM-WIP: Low-Latency, Continuous-Motion Walking-in-Place. In: Proceedings of the 2008 IEEE Symposium on 3D User Interfaces, 3DUI '08, S. 97–104. IEEE Computer Society (2008). https://doi.org/10.1109/3DUI.2008.4476598

16. Gamma, E., Helm, R., Johnson, R., Vlissides, J.: Design Patterns. Elements of Reusable Object-Oriented Software. Addison Wesley, Boston (1994)

17. Gülcü, A.E., Atalay, F.B.: Infinite spaces using recursive portals. In: 2022 7th International Conference on Computer Science and Engineering (UBMK), S. 332–337 (2022). https://doi.org/10.1109/UBMK55850.2022.9919479

18. Google: Google Cardboard XR Plugin for Unity. https://github.com/googlevr/cardboard-xr-plugin. Zugegriffen am 04.03.2023

19. Google VR: Jetzt bis du dran! https://arvr.google.com/intl/de_de/cardboard/manufacturers/. Zugegriffen am 11.01.2023

20. Grechkin, T., Thomas, J., Azmandian, M., Bolas, M., Suma, E.: Revisiting detection thresholds for redirected walking: Combining translation and curvature gains. In: Proceedings of the ACM Symposium on Applied Perception, SAP '16, S. 113–120. Association for Computing Machinery, New York, NY, USA (2016). https://doi.org/10.1145/2931002.2931018

21. Grosjean, J., Burkhardt, J.-M., Coquillart, S., Richard, P.: Evaluation of the command and control cube. In: Proceedings of the 4th IEEE

International Conference on Multimodal Interfaces, ICMI '02, S. 473. IEEE Computer Society, USA (2002). https://doi.org/10.1109/ICMI. 2002.1167041

22. Grosjean, J., Coquillart, S.: Command and control cube: a shortcut paradigm for virtual environments. In: Froehlich, B., Deisinger, J., Bullinger, H.J. (Hrsg.) Eurographics Workshop on Virtual Environments. The Eurographics Association (2001). https://doi.org/10.2312/EGVE/EGVE01/001-012

23. Hashemian, A.M., Adhikari, A., Kruijff, E., Heyde, M.v.d., Riecke, B.E.: Leaning-based interfaces improve ground-based VR locomotion in reach-the-target, follow-the-path, and racing tasks. IEEE Trans. Vis. Comput. Graph. **29**(3), 1748–1768 (2023). https://doi.org/10.1109/TVCG.2021. 3131422

24. Hashemian, A.M., Lotfaliei, M., Adhikari, A., Kruijff, E., Riecke, B.E.: HeadJoystick: improving flying in VR using a novel leaning-based interface. IEEE Trans. Vis. Comput. Graph. **28**(4), 1792–1809 (2022). https://doi.org/10.1109/TVCG.2020.3025084

25. HTC Corporation: VIVE Wave XR Plugin. https://hub.vive.com/storage/docs/en-us/UnityXR/UnityXRSdk.html. Zugegriffen am 25.04.2023

26. HTC Corporation: Welcome to Vive Input Utility. https://github.com/ViveSoftware/ViveInputUtility-Unity/wiki. Zugegriffen am 04.04.2023

27. Huang, J.Y.: An omnidirectional stroll-based virtual reality interface and its application on overhead crane training. IEEE Trans. Multimedia **5**(1), 39–51 (2003). https://doi.org/10.1109/TMM.2003.808822

28. Interrante, V., Ries, B., Anderson, L.: Seven League Boots: a new metaphor for augmented locomotion through large scale immersive virtual environments. In: In Proceedings of IEEE Symposium on 3D User Interfaces (3DUI). IEEE Computer Society, Charlotte (2007)

29. Khronos Group: Khronos OpenXR Registry. https://registry.khronos.org/OpenXR/. Zugegriffen am 14.12.2022

30. Khronos Group: OpenXR API documentation project. https://github.com/KhronosGroup/OpenXR-Docs. Zugegriffen am 14.12.2022

31. Khronos Group: Openxr SDK project. https://github.com/KhronosGroup/OpenXR-SDK. Zugegriffen am 14.12.2022

32. Kwon, S.U., Jeon, S.B., Hwang, J.Y., Cho, Y.H., Park, J., Lee, I.K.: Infinite virtual space exploration using space tiling and perceivable reset at fixed positions. In: 2022 IEEE International Symposium on Mixed and Augmented Reality (ISMAR), S. 758–767 (2022). https://doi.org/10. 1109/ISMAR55827.2022.00094

33. Langbehn, E., Lubos, P., Bruder, G., Steinicke, F.: Bending the curve: sensitivity to bending of curved paths and application in room-scale VR. IEEE Trans. Vis. Comput. Graph. **23**(4), 1389–1398 (2017). https://doi. org/10.1109/TVCG.2017.2657220

34. Langbehn, E., Husung, M.: Of portals and orbs: an evaluation of scene transition techniques for virtual reality. In: Mensch und Computer 2019 (2019). https://doi.org/10.1145/3340764.3340779

35. LaViola, J., Kruijff, E., McMahan, R., Bowman, D., Poupyrev, I.: 3D User Interfaces, 2. Aufl. Addison Wesley, Boston (2017)

36. Li, Y.J.: OpenRDW. https://github.com/yaoling1997/OpenRDW. Zugegriffen am 23.02.2023

37. Li, Y.J.: Awesome-redirected walking (2023). https://github.com/yaoling1997/Awesome-RDW. Zugegriffen am 23.02.2023

38. Li, Y.J., Wang, M., Steinicke, F., Zhao, Q.: OpenRDW: a redirected walking library and benchmark with multi-user, learning-based functionalities and state-of-the-art algorithms. In: 2021 IEEE International Symposium on Mixed and Augmented Reality (ISMAR), S. 21–30 (2021). https://doi.org/10.1109/ISMAR52148.2021.00016

39. Lisle, L., Lu, F., Davari, S., Tahmid, I.A., Giovannelli, A., Ilo, C., Pavanatto, L., Zhang, L., Schlueter, L., Bowman, D.A.: Clean the ocean: an immersive VR experience proposing new modifications to go-go and WiM techniques. In: 2022 IEEE Conference on Virtual Reality and 3D User Interfaces Abstracts and Workshops (VRW), S. 920–921 (2022). https://doi.org/10.1109/VRW55335.2022.00311

40. Macedo, Vitor: Head-Mounted displays – Messung räumlicher Präzision bei VR-Trackingsystemen. https://www.vdc-fellbach.de/fileadmin/user_upload/Applikationszentrum_VAR_-_Bericht__04_2_-_AP2_-_Werkstattbericht__02_-_Messung_VR-Tracking-Praezision_-_Update.pdf. Zugegriffen am 22.03.2023

41. Microsoft: OpenXR Samples for Mixed Reality Developers. https://github.com/microsoft/OpenXR-MixedReality. Zugegriffen am 18.02.2023

42. Nabiyouni, M., Bowman, D.A.: A taxonomy for designing walking-based locomotion techniques for virtual reality. In: Proceedings of the 2016 ACM Companion on Interactive Surfaces and Spaces, ISS '16 Companion, S. 115–121. Association for Computing Machinery, New York, NY, USA (2016). https://doi.org/10.1145/3009939.3010076

43. Nilsson, N.C., Peck, T., Bruder, G., Hodgson, E., Serafin, S., Whitton, M., Steinicke, F., Rosenberg, E.S.: 15 years of research on redirected walking in immersive virtual environments. IEEE Comput. Graph. Appl. **38**(2), 44–56 (2018). https://doi.org/10.1109/MCG.2018.111125628

44. Nilsson, N.C., Serafin, S., Nordahl, R.: Establishing the range of perceptually natural visual walking speeds for virtual walking-in-place locomotion. IEEE Trans. Vis. Comput. Graph. **20**(4), 569–578 (2014). https://doi.org/10.1109/TVCG.2014.21

45. Oculus: Get Started with Oculus in Unity. https://developer.oculus.com/documentation/unity/unity-gs-overview/. Zugegriffen am 29.04.2023

46. OpenXR Working Group: Unifying Reality. https://www.khronos.org/openxr. Zugegriffen am 22.08.2022

47. Poupyrev, I., Billinghurst, M., Weghorst, S., Ichikawa, T.: The Go-Go Interaction Technique: Non-Linear Mapping for Direct Manipulation

in VR. In: Proceedings of the 9th Annual ACM Symposium on User Interface Software and Technology, UIST '96, S. 79–80. Association for Computing Machinery (1996). https://doi.org/10.1145/237091.237102

48. Razzaque, S., Kohn, Z., Whitton, M.C.: Redirected walking. In: Proceedings of Eurographics, S. 289–294. Eurographics Association, Eindhoven (2001)

49. Schwaiger, M., Thuimmel, T., Ulbrich, H.: Cyberwalk: An advanced prototype of a belt array platform. In: 2007 IEEE International Workshop on Haptic, Audio and Visual Environments and Games, S. 50–55 (2007). https://doi.org/10.1109/HAVE.2007.4371586

50. Silva, L., Valença, L., Gomes, A., Figueiredo, L., Teichrieb, V.: Gothrough: a tool for creating and visualizing impossible 3d worlds using portals. In: 2020 19th Brazilian Symposium on Computer Games and Digital Entertainment (SBGames), S. 97–106 (2020). https://doi.org/10.1109/SBGames51465.2020.00023

51. Slater, M., Usoh, M., Steed, A.: Taking steps: the influence of a walking technique on presence in virtual reality. ACM Trans. Comput.-Hum. Interact. **2**, 201–219 (1995). https://doi.org/10.1145/210079.210084

52. Steinicke, F., Bruder, G., Jerald, J., Frenz, H., Lappe, M.: Analyses of human sensitivity to redirected walking. In: Proceedings of the 2008 ACM Symposium on Virtual Reality Software and Technology, VRST '08, S. 149–156. Association for Computing Machinery, New York, NY, USA (2008). https://doi.org/10.1145/1450579.1450611

53. Steinicke, F., Bruder, G., Jerald, J., Frenz, H., Lappe, M.: Estimation of detection thresholds for redirected walking techniques. IEEE Trans. Vis. Comput. Graph. **16**(1), 17–27 (2010). https://doi.org/10.1109/TVCG.2009.62

54. Steinicke, F., Visell, Y., Campos, J., Lécuyer, A. (Hrsg.): Human Walking in Virtual Environments. Springer, New York. https://doi.org/10.1007/978-1-4419-8432-6

55. Suma, E.A., Babu, S., Hodges, L.F.: Comparison of travel techniques in a complex, multi-level 3d environment. In: 2007 IEEE Symposium on 3D User Interfaces (2007). https://doi.org/10.1109/3DUI.2007.340788

56. Suma, E.A., Clark, S., Krum, D., Finkelstein, S., Bolas, M., Warte, Z.: Leveraging change blindness for redirection in virtual environments. In: 2011 IEEE Virtual Reality Conference, S. 159–166 (2011). https://doi.org/10.1109/VR.2011.5759455

57. Unity: About the Mock HMD XR Plugin. https://docs.unity3d.com/Packages/com.unity.xr.mock-hmd@1.0/manual/index.html. Zugegriffen am 26.03.2023

58. Unity: About the oculus xr plugin. https://docs.unity3d.com/Packages/com.unity.xr.oculus@3.0/manual/index.html. Zugegriffen am 26.08.2022

59. Unity: OpenXR Interaction Toolkit. https://docs.unity3d.com/Packages/com.unity.xr.interaction.toolkit@1.0/manual. Zugegriffen am 10.02.2023

60. Unity: Windows.speech classes. https://docs.unity3d.com/ ScriptReference. Zugegriffen am 23.02.2023

61. Unity: XR. https://docs.unity3d.com/Manual/XR.html. Zugegriffen am 26.08.2022

62. Unity: XR Interaction Toolkit Examples. https://github.com/Unity-Technologies/XR-Interaction-Toolkit-Examples. Zugegriffen am 18.02.2023

63. Unity: XR Plug-in Framework. https://docs.unity3d.com/Manual/ XRPluginArchitecture.html. Zugegriffen am 26.04.2023

64. Usoh, M., Arthur, K., Whitton, M., Bastos, R., Steed, A., Slater, M., Brooks, F.: Walking > walking-in-place > flying in virtual environments. In: Proceedings of SIGGRAPH 1999, S. 359–364. ACM, New York (1999)

65. Valve: SteamVR Unity Plugin. https://valvesoftware.github.io/steamvr_unity_plugin/. Zugegriffen am 04.04.2023

66. Vasylevska, K., Kaufmann, H., Bolas, M., Suma, E.A.: Flexible spaces: Dynamic layout generation for infinite walking in virtual environments. In: 2013 IEEE Symposium on 3D User Interfaces (3DUI), S. 39–42 (2013). https://doi.org/10.1109/3DUI.2013.6550194

67. Williams, B., Narasimham, G., Rump, B., McNamara, T.P., Carr, T.H., Rieser, J., Bodenheimer, B.: Exploring large virtual environments with an HMD when physical space is limited. In: Proceedings of the 4th Symposium on Applied Perception in Graphics and Visualization, APGV '07, S. 41–48. Association for Computing Machinery, New York, NY, USA (2007). https://doi.org/10.1145/1272582.1272590

68. Wilson, P., Kalescky, W., MacLaughlin, A., Williams, B.: VR Locomotion: Walking > Walking in Place > Arm Swinging. In: VRCAI 16, S. 243–249 (2016). https://doi.org/10.1145/3013971.3014010

69. Wingrave, C., Haciahmetoglu, Y., Bowman, D.: Overcoming world in miniature limitations by a scaled and scrolling wim. In: 3D User Interfaces (3DUI'06), S. 11–16 (2006). https://doi.org/10.1109/VR.2006.106

70. Wong, L.: VIVE Input Utility for Unity. https://github.com/ViveSoftware/ ViveInputUtility-Unity. Zugegriffen am 02.05.2023

Lösungen

A

Unity-Projekte zu den Lösungen finden wir im Repository. In den Lösungen gibt es Hinweise auf das Verzeichnis, in dem das entsprechende Projekt zu finden ist. Desktop-Projekte finden wir unterhalb des Verzeichnisses `Unity/ Desktop`. VR-Projekte, die Unity XR oder VIVE Input Utility verwenden, finden wir unterhalb von `Unity/ VR`.

A.1   Interaktive Anwendungen

2.1 Koordinatensysteme und GameObjects Ein Unity-Projekt finden wir im Verzeichnis `HelloWorld`!

(a) Der Default für die Kantenlänge eines Würfels ist 1. Achten Sie darauf, dass Sie Skalierungen immer ausführen während der Schwerpunkt des Objekts noch im Ursprung des Weltkoordinatensystems liegt. Damit die Würfel für Achsen und Ursprung in der Ebene mit $y = 0$ liegen, müssen sie gleichmäßig skaliert und anschließend in y-Richtung verschoben werden. Verwenden wir 0.1 als Skalierungsfaktor, wenden wir eine Translation in positive y-Richtung um 0.05 an. Es bietet sich an, den ersten Würfel zu erzeugen, alle Einstellung

© Der/die Herausgeber bzw. der/die Autor(en), exklusiv
lizenziert an Springer Fachmedien Wiesbaden GmbH, ein Teil
von Springer Nature 2023
M. Brill, *Virtual Reality kompakt*, IT kompakt,
https://doi.org/10.1007/978-3-658-41245-6

durchzuführen und für alle weiteren Würfel die Funktion
`Edit` → `Duplicate` einzusetzen.

Haben wir alle Würfel in der Szene angelegt können wir eine Hierarchie erzeugen. Dazu verwenden wir `GameObject`
→ `Create Empty` für ein „leeres Objekt", dem wir einen
Namen wie `Koordinatensystem` geben. Anschließend
nehmen wir die Würfel mit Hilfe von Drag and Drop in
dieses Objekt auf. Jetzt können wir das Koordinatensystem
bei Bedarf schnell duplizieren oder ausblenden.

Für die Materialien verwenden wir `Assets` → `Create`
→ `Material`. Wir können alle Einstellungen für das so
erstellte Material übernehmen. Die Farbe stellen wir durch
einen Klick auf den Balken bei `Albedo` ein. Damit wird ein
Fenster für die Definition von Farben eingeblendet. Für den
Würfel im Ursprung und den Boden bieten sich Grau-Töne
an. Die Materialien legen wir im Verzeichnis `Materials` in
`Assets` ab.

(b) Wir wählen die Kamera in der Szene aus und erhalten damit
eine Vorschau der Anwendung im Editor. Durch Verschieben
und Drehen der Kamera können wir die Sicht so einstellen,
dass wir bei der Ausführung einen Eindruck über die Szene
erhalten.

Wir verwenden `File` → `Build Settings`, um das
externe Build zu konfigurieren. Wir achten darauf, dass die
von uns erstellte Szene in der Liste `Scenes in Build`
enthalten ist. Unten in diesem Fenster finden wir rechts
die Buttons `Build` und `Build And Run`. Links unten
finden wir einen Button `Player Settings`, mit dem
wir weitere Einstellungen tätigen können. Hier können wir
unter `Resolution and Presentation` konfigurieren,
ob wir eine Fullscreen-Anwendung erstellen oder ob wir mit
`Windowed` ein Fenster von einer gewünschten Größe öffnen
werden.

2.2 Verfolgung mit FollowTheTarget Ein Unity-Projekt
finden wir im Verzeichnis `BasisComponents`. Dort werden
Instanzen der Klasse `InputAction` eingesetzt. Im Projekt

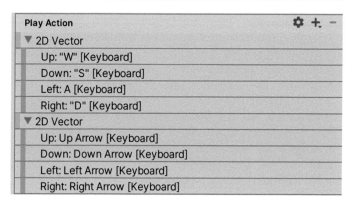

Abb. A.1 Actions in der Lösung der Aufgabe 2.2: mit zwei Composite Actions können wir den Player sowohl mit WASD als auch mit den Cursor-Tasten steuern

`MoreInteractions` finden wir analoge Versionen, die ein `Input Action Asset` einsetzen.

(a) Die Bewegung führen wir in `Update` aus, den Tasten-druck erhalten wir in `OnPress`. Die Klasse ist dem `Flugzeugmodell` hinzugefügt, als verfolgtes Objekt wird das Objekt mit dem Namen `Kapsel` verwendet.

(b) Wir verwenden eine Action, die als Rückgabetyp `Vector2` besitzt und verwenden `WASD`.

(c) Wir fügen mit Hilfe von + eine weitere Composite Action hinzu und definieren hier die Cursor-Tasten im Binding. Die Definition im Inspektor finden wir in Abb. A.1.

2.3 Trigger- und Collision-Events Ein Unity-Projekt finden wir im Verzeichnis `BasisCollideAndCast`. Die Lösung zu Teilaufgabe (a) finden wir in der Szene `BasisTrigger`, Teil-aufgabe (b) in `BasisCollision`.

(a) Als Trigger-Objekt verwenden wir eine der kleinen Kugeln links hinten. Alle Kugeln besitzen eine Kom-

ponente vom Typ Spherecollider. Wir wählen
KugelLinksVorneKlein4 aus und aktivieren im Collider die Eigenschaft Is Trigger. Wir stellen sicher, dass
die anderen kleinen Kugeln in der Nachbarschaft Collider
besitzen, und dass dort die Eigenschaft Is Trigger
nicht aktiviert ist. Für die Bewegung der kleinen Kugel
verwenden wir der Einfachheit halber wieder die Klasse
PlayerControl2D, die wir bereits in der Lösung der
Aufgabe 2.2 eingesetzt haben. Wir implementieren eine
Klasse TriggerManager, die das Eintreten der Events
mit Hilfe von Debug.Log protokolliert.

Die Klasse TriggerManager wird dem gesteuerten
Objekt als Komponente hinzugefügt. Wir benötigen
neben einem Collider auch eine Komponente vom Typ
RigidBody. Es ist immer eine gute Idee sicher zustellen,
dass diese Komponenten existieren. Dazu verwenden wir
RequireComponent:

RequireComponent für Collider und RigidBody

```
[RequireComponent(typeof(Collider))]
[RequireComponent(typeof(Rigidbody))]
```

◀

(b) Wir verwenden für diesen Teil eine Klasse Collider-
Manager. In der Szene darf kein Trigger-Objekt existieren.
Verwenden wir ein analoges Setup wie in Teilaufgabe (a), dann achten wir darauf, dass die Eigenschaft
Is Trigger der bewegten Kugel nicht aktiv ist, und
dass eine RigidBody-Komponente vorhanden ist. Die
restlichen Objekte sind wieder statische Collider. Bei der
Implementierung der Event-Handler orientieren wir uns
ebenfalls an Teilaufgabe (a).

(c) Wir erstellen eine Kopie der Szene aus Teilaufgabe (a) und
implementieren eine weitere C#-Klasse. Wir sehen Materialien für das Wechseln der Farbe vor, die wir im Inspektor
zuweisen können. Tritt die Kollision das erste Mal auf,

müssen wir uns merken welches Objekt wir getroffen haben. Insbesondere speichern wir für die spätere Rekonstruktion das ursprüngliche Material auf einer Variable ab. Während die Kollision stattfindet wechseln wir das Material, sowohl des getroffenen Objekts als auch das des Trigger-Objekts. Wird die Kollision beendet setzen wir die Materialien wieder auf den Ausgangszustand zurück.

2.4 Raycasting Ein Unity-Projekt finden wir im Verzeichnis `BasisCollideAndCast` in der Szene `BasisCast`. Das Prefab für den Controller positionieren wir im Punkt $(0.0, 0.2, .0.0)$. Dann können wir später die Schnitte erhalten ohne den Controller in der Höhe zu verändern. Wir drehen das Prefab um $180°$ und skalieren gleichmäßig mit dem Faktor 2. Wichtig sind die Achsen des lokalen Koordinatensystems, da wir diese als Richtungen für die Strahlen einsetzen. Die z-Achse des lokalen Koordinatensystems entspricht der negativen z-Achse des Weltkoordinatensystems. Analog gilt dies für die x-Achse. Als Alternative bietet sich das Flugzeugmodell als Objekt an, von dem wir Strahlen aussenden. Hier verwenden wir die z-Achse des lokalen Koordinatensystems.

Alle implementierten Klassen führen auf Tastendruck einen Raycast durch. Die Achse des lokalen Koordinatensystems für die Richtung des Strahls können wir im Inspektor einstellen.

(a) Im Unity-Projekt finden wir zwei einfache Klassen für das Raycasting. Die Klasse `SimpleCast` protokolliert in der Konsole, dass es mit der eingestellten Richtung einen Schnittpunkt gibt. Die Meldungen wurden so gestaltet, dass wir am Text die verwendete Richtung erkennen. In Abb. A.2 sehen wir die Komponente im Inspektor. Der Raycast wird ausgeführt, falls wir die linke Maustaste betätigen.

In Abb. A.3 finden wir die Einstellungen der Klasse `Raycast`. In dieser Klasse können wir das Protokoll an- und abschalten. Und wir können ein Prefab verwenden, das einen gefundenen Schnittpunkt visualisiert.

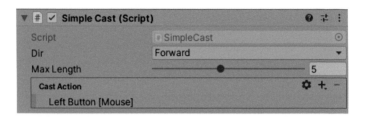

Abb. A.2 Die Komponente `SimpleCast` in der Lösung von Aufgabe 2.4 im Inspektor. Wir können die gewünschte Achse des lokalen Koordinatensystems und die maximale Länge des Strahls verändern

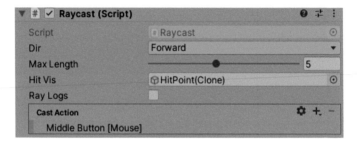

Abb. A.3 Die Komponente `RayCast` in der Lösung von Aufgabe 2.4 im Inspektor. Wir können die gewünschte Achse des lokalen Koordinatensystems und die maximale Länge des Strahls verändern. Für die Visualisierung eines Schnittpunkts können wir ein Prefab definieren

Abb. A.4 Visualisierung eines Schnittpunkts mit der Klasse `RayCast` in der Lösung von Aufgabe 2.4. Wird ein Schnittpunkt gefunden wird die Position dieses Punkts verwendet, um ein Prefab, hier eine kleine Kugel, in der Szene darzustellen

In Abb. A.4 wurde der Controller bewegt und ein Raycast
ausgelöst. Der Strahl trifft einen der Kästen, der Schnittpunkt
wird abgefragt und an dieser Position wird eine kleine Kugel
visualisiert.

(b) Wir können die Klasse `RayCast` erweitern und damit die
Funktionalität erzeugen, die wir bereits im Text beschrieben
finden. Gibt es keinen Schnittpunkt wird der Strahl mit Hilfe
einer Instanz von `LineRenderer` dargestellt. Gibt es einen
Schnittpunkt wird wieder wie bei `RayCast` ein Prefab an den
Koordinaten dieses Punkts dargestellt. Die Implementierung
finden wir in der Klasse `RaycastWithLines`.

2.5 Protokollieren von Positionsdaten als csv-Datei mit log4net

Log4Net im Unity-Projekt

Achten Sie unbedingt darauf, dass die Assembly für `log4net`
im Verzeichnis `Assets/Plugins` liegt! ◄

Ein Unity-Projekt finden wir im Verzeichnis `Logging/`
`LognetLogging`. Die Konfiguration speichern wir im
Verzeichnis `Resources` ab. Bei der Konfiguration für den
`FileAppender` achten wir darauf einen Datei-Namen anzu-
geben, den wir im Betriebssystem finden. Möglich wäre natürlich
auch die im Text vorgestellte Klasse `StreamingAssets-`
`Appender` einzusetzen. Heißt eine der Klassen, in der
protokolliert wird `PlayerControl`, dann konfigurieren wir
den gewünschten Level so:

```
<logger name="PlayerControl">
  <level value="DEBUG" />
  <appender-ref ref="FileAppender"/>
</logger>
```

In den Klassen in denen protokolliert werden soll erzeugen wir
eine Instanz eines Loggers und in `FixedUpdate` oder einer der
anderen Event-Funktionen Protokoll-Ausgaben:

Protokoll in einer Event-Funktion

```
private static readonly log4net.ILog Logger
    = log4net.LogManager.GetLogger(typeof(PlayerControl));
private void FixedUpdate ()
{
        ...
        object[] args = {gameObject.name,
                        gameObject.transform.position.x,
                        gameObject.transform.position.y,
                        gameObject.transform.position.z,
        };
        Logger.InfoFormat("{0}; {1:G}; {2:G}; {3:G}", args);
}
```

◀

Natürlich können wir auch Daten über die Orientierung und weitere Information wie Zeitangaben in das Protokoll aufnehmen.

2.6 Realisierung der World-in-Miniature Ein Unity-Projekt finden wir im Verzeichnis WiM. Die Klasse WiM, die eine World-in-Miniature erzeugt, finden wir im Verzeichnis Scripts/WorldinaMiniature. Die Klassen für die Protokollierung finden wir im Verzeichnis Logging, Unit-Tests finden wir in Tests.

Wir können im Inspektor einstellen, ob ein Protokoll erzeugt werden soll oder nicht. Die Sichtbarkeit der Miniaturobjekte beeinflussen wir mit der Variablen ShowTheWim. Funktionen für die Namen der Modell-Objekte und die in den Tests eingesetzten Funktionen für die Umrechnung der Koordinaten zwischen Welt- und Modell-Koordinatensystem finden wir in der statischen Klasse WiMUtilities. In der späteren Anwendung der World-in-Miniature werden wir die Modelle sicher interaktiv ein- und ausblenden. Dafür gibt es die von WiM abgeleitete Klasse WiMInputController. Mit Hilfe der in dieser Klasse enthaltenen Actions und entsprechenden Bindings können wir die Modelle interaktiv beeinflussen. Eine Lösung, die die in WiM verwendete Liste durch Tags ersetzt finden wir in der Klasse TaggedWiM.

A.2 Software-Entwicklung für die virtuelle Realität

3.1 Highlighting und Button-Clicks Unity-Projekte `First-Interaction` mit Unity XR und VIVE Input Utility finden wir in den Verzeichnissen `VRKUXR` bzw. `VRKVIU`. Eine Version die den Simulator von VIVE Input Utility einsetzt finden wir in `VRKVIUSimulator`.

Verwenden wir Unity XR passen wir die schon in der Desktop-Version vorhandenen Bindings an und ergänzen sie durch Einstellungen für einen `XR Controller`. Die Auswahl, welcher Controller und welcher Button verwendet werden soll, treffen wir im Binding. Die Funktion `m_ChangeColor`, die das Event umsetzt, können wir aus der Lösung für den Desktop in Aufgabe 2.3 übernehmen. Bei der Definition des Bindings gehen wir so vor wie im Text beschrieben.

Verwenden wir VIVE Input Utility implementieren wir wie im Text beschrieben die Klasse `HighlightWithHand`. Wir registrieren die Funktion `m_ChangeColor` aus der Desktop-Version als Listener-Methode.

Falls der Rig für die VIVE Input Utility korrekt in der Szene vorhanden ist finden wir zwei GameObjects mit den Namen `RightHand` und `LeftHand`. Wir suchen in `Awake` mit diesen Namen danach und stellen sicher, dass die `HandRole` des gewünschten Controllers korrekt eingestellt wird.

3.2 Verfolger für einen Controller Unity-Projekte `Follow-TheController` mit Unity XR und VIVE Input Utility finden wir in den Verzeichnissen `VRKUXR` bzw. `VRKVIU`. Eine Version die den Simulator von VIVE Input Utility einsetzt finden wir in `VRKVIUSimulator`.

(a) Verwenden wir Unity XR passen wir die schon in der Desktop-Version in Aufgabe 2.2 vorhandenen Bindings an und ergänzen sie durch Einstellungen für einen `XR Controller`. Die Auswahl, welcher Controller und welcher Button verwendet werden soll, treffen wir im

▶ #	Simple Air Plane (Script)		❷ ⇄ ⋮
▼ 🎮 ✓	Followthe Controller (Script)		❷ ⇄ ⋮
Script		⊙ FollowtheController	⊚
Followed Controller		Links	▾
The Button		Trigger	▾
Move		☐	
Speed	●————————————————		1

Abb. A.5 Die Einstellungen mit VIVE Input Utility für die Klasse `FollowTheController` in der Lösung der Aufgabe 3.2

Binding. Die Funktion die das Event umsetzt können wir aus der Lösung für den Desktop übernehmen. Bei der Definition des Bindings gehen wir so vor wie im Text beschrieben.

Verwenden wir VIVE Input Utility implementieren wir wie im Text beschrieben die Klasse `FollowTheController`. Die Abb. A.5 zeigt die Einstellungen der Klasse im Inspektor.

Wir registrieren in den Listener-Methoden zwei Funktionen, die mit Hilfe einer logischen Variable die Bewegung aktivieren oder stoppen. Etwas schwieriger ist es die `HandRole` für die Registrierung einzustellen. Dazu verwenden wir einen Aufzählungstyp `controllerChoice`, mit dessen Hilfe wir den Controller im Inspector auswählbar machen.

Falls der Rig für die VIVE Input Utility korrekt in der Szene vorhanden ist finden wir zwei GameObjects mit den Namen `RightHand` und `LeftHand`. Wir suchen in `Awake` mit diesen Namen danach und stellen sicher, dass die `HandRole` des gewünschten Controllers korrekt eingestellt wird. Wir bewegen den Controller in `LateUpdate`. Dort verwenden wir die Position und Orientierung des Controllers für die Funktionen `LookAt` und `MoveToward`.

(b) Das Protokollieren finden wir in der Klasse `FollowThe-ControllerWithLogs`. Wir fügen die Klassen für das Logging auf der Unity-Konsole hinzu. Damit können wir das Logging im Editor testen. Auch die log4net-Assembly und eine Konfiguration nehmen wir im Projekt auf. In Abschn. 2.4 haben wir zweidimensionale Positionen protokolliert, jetzt schreiben wir natürlich alle drei Koordinaten in das Protokoll. Bei der Auswertung müssen wir jetzt darauf achten, dass bei einer dreidimensionalen Ausgabe in einer Analyse-Software ein rechtshändiges Koordinatensystem eingesetzt wird. Im Protokoll stehen Daten im linkshändigen Koordinatensystem von Unity.

3.3 Shortcuts mit C^3 Unity-Projekte `CommandControlCube` mit Unity XR und VIVE Input Utility finden wir in den Verzeichnissen `VRKUXR` bzw. `VRKVIU`. Eine Version den Simulator von VIVE Input Utility einsetzt finden wir in `VRKVIUSimulator`.

Die Realisierung von C^3 finden wir im Verzeichnis `Assets/CCC`. Neben C#-Klassen sind dort auch Prefabs für die Würfel und die drei Schichten enthalten. Für die Definition der Prefabs gibt es eigene Szenen. Die Klasse `CCC` realisiert C^3. Für die interaktive Aktivierung von C^3 gibt es die Basis-Klasse `ActivateCCC` und davon abgeleitet Klassen, die das Input System oder VIVE Input Utility einsetzen.

Für die Evaluation der Technik bieten sich möglichst einfache Shortcuts an. Wir verwenden die Klassen mit denen wir bereits ein Highlight für ein Objekt realisiert haben und registrieren sie als Shortcut an einem der Würfel. Auch die Aktivierung des Verfolgers ist eine gute Aktion für die Evaluation. Weitere Shortcuts sind Verschiebungen der kleinen Kugeln links in der Basis-Szene. Erzeugen von weiteren Objekten wie Kugeln oder Zylinder, die Platzierung und eine Zuweisung von Farben sind ebenfalls eine Möglichkeit.

3.4 X-Ray Sicht auf ein ausgewähltes Objekt Ein Projekt `XRaySight`, das den Simulator von VIVE Input Utility einsetzt finden wir Verzeichnis `VRKVIUSimulator`.

Bei der Realisierung der Komponente gehen wir davon aus, dass ein Objekt ausgewählt wurde. Ob dies mit Hilfe eines Raycasts, einer Berührung oder anderen Methoden durchgeführt wurde ist für das Vorgehen nicht wichtig. In den Lösungen im Repository verwenden wir ein festgelegtes Objekt und einen

Button-Click wie in Abschn. 3.5 beschrieben. Damit können wir uns auf die X-Ray Sicht konzentrieren.

Wir erstellen ein Material mit großer Transparenz, das wir den Objekten zuweisen, die aktuell die Sicht blockieren. Die Aufgabe, die blockierenden Objekte zu bestimmen lösen wir mit Hilfe der Klasse `Physics.SphereCastAll`. Als Anfangspunkt des Strahls verwenden wir die Position des Kopfs. Aus dieser Position und der Position des ausgewählte Objekts berechnen wir den Richtungsvektor für den Strahl. Die maximale Länge für den Strahl berechnen wir aus dem Abstand zwischen Kopf und ausgewähltem Objekt. Den Radius der Kugeln stellen wir im Inspektor ein. Wir können uns den Radius als „Dicke" des Sehstrahls vorstellen. Es ist gut denkbar, diesen Radius mit Hilfe von Funktionen aus der Systemsteuerung interaktiv verändern zu lassen.

Als Ergebnis dieses Raycasts erhalten wir ein Feld mit Instanzen von `RaycastHit`. Dort finden wir Angaben über den getroffenen Collider als `RaycastHit.collider` und auch Angaben über den Schnittpunkt oder den Abstand zum Schnittpunkt. Daraus bestimmen wir den Namen des getroffenen Objekts. Solange die Auswahl aktiv ist verwenden wir das transparente Material für diese Objekte. Wird die Auswahl aufgehoben restaurieren wir das Original-Material.

3.5 Redirected Walking Wir gehen wie in den Skizzen zu RDW von einem Arbeitsbereich mit 3 Meter × 3 Meter aus. Durch die Drehung vor dem Gehen zu Ziel 1 laufen wir im Arbeitsbereich parallel zur x-Achse. Der Translational Gain von $T_g = \sqrt{2}$ sorgt dafür, dass die Strecke $T_v = 2\sqrt{2}$ Meter zur Strecke $T_s = 2$ Meter führt. Der zu Ziel 1 korrespondierende Punkt Z_{1r} hat die x-Koordinate 1 und die z-Koordinate -1. Durch den Rotational Gain drehen wir uns im Arbeitsbereich um 135° gegen den Uhrzeigersinn und gehen anschließend diagonal in Richtung des Ursprungs. Wir verzichten auf einen Translational Gain, dann gehen wir die Strecke $T_s = 2\sqrt{2}$ Meter und sind anschließend im Punkt Z_{2r} mit x-Koordinaten -1 und z-Koordinate 2 angelangt. Wir könnten einen Translational Gain verwenden, dann müssen

Abb. A.6 Positionen und Weg im Arbeitsbereich als Lösung für Aufgabe 3.5

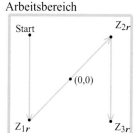

Arbeitsbereich

wir das aber im nächsten Schritt kompensieren oder gelangen in noch größere x-Bereiche. Wir drehen uns im Arbeitsbereich um $135°$ im Uhrzeigersinn und blicken in Richtung der x-Achse. Mit dem gleichen Translational Gain wie zu Beginn gehen wir zu Punkt Z_{3r} mit x-Koordinate 1 und $z = 2$. In Abb. A.6 sind der zurückgelegte Weg und die Punkte im Arbeitsbereich eingezeichnet!

3.6 Point Tugging Unity-Projekte `Locomotion` mit Unity XR und VIVE Input Utility finden wir in den Verzeichnissen `VRKUXR` bzw. `VRKVIU`. Eine Version die den Simulator von VIVE Input Utility einsetzt finden wir in `VRKVIUSimulator`. Die Klassen für die Fortbewegung finden wir im Verzeichnis `Locomotion` bei den Assets. Wir setzen die Basisklasse `DifferenceLocomotion` ein, die wir im gleichnamigen Unterverzeichnis finden und leiten davon die Klasse `PointTugging` ab.

Bei Point Tugging definieren wir die Richtung und die Geschwindigkeit der Fortbewegung mit Hilfe von zwei Punkten im Raum. Wird die Bewegung aktiviert speichern wir die aktuelle Position des Controllers, den wir anschließend bewegen. Der Differenzvektor zwischen der ursprünglichen und der aktuellen Position definiert die Richtung und die Geschwindigkeit der Bewegung.

Stichwortverzeichnis

A
Action 26
Appender 54
Arbeitsbereich 89
Area of Reach 116
Arm-Swinging 146
Audio-Signal 87
Augmented Reality (AR) 3
Axis-Aligned Bounding Boxes
        (AABB) 32

B
Being There 3
Bending Gain 165
Body Warping 125
Box Collider 32

C
Capsule Collider 32
CAVE 87
Command Control Cube (C3) 114
Compound Collider 32
Coroutines 70
Curvature Gain 165
Cybersickness 5

D
Disparität 86

E
Eingabe, symbolische 107

F
Fortbewegung 129
        beschleunigtes Gehen 148
        diskrete 129
        fly 138
        gehen 130
        gehen auf der Stelle 144
        infinite walking 155
        kontinuierliche 129
        leaning model 139
        manipulation-based 130
        point tugging 168
        Portal 140
        real walking 134
        redirected walking 134, 155
        scaled walking 148
        selection-based 130
        Siebenmeilenstiefel 148
        steering metaphor 130

Teleportation 134
vorgeplante 129
walk 138
walking metaphor 130
walking-in-place 144
Freeze-Backup 157
Freeze-Turn 159

G

Gaze Interface 110
Gehen 144
arm-swinging 146
auf der Stelle 144
LLCM-WiP 145
walking-in-place (WiP) 144
Go-Go 125
REX 128
Grab 119
Greifen 119
Greifraum 116

H

Head-mounted Display (HMD) 87
all-in-One 87
tethered solution 87
HOMER 128

I

ILogger 41
Immersion 3
Infinite Walking 155
Input System 20
action map 22
actions 21
binding 22
composite action 26
control schemes 22
input actions asset 27
Inside-Out-Tracking 90
Interactable 106

Interactor 106
Interaktion 194
command control cube 114
gaze interface 110
greifen 119
interactable 106
interactor 106
magische 108
Manipulation 105
Selektion 105
symbolische Eingabe 107
system control 105
Systemsteuerung 105
Interpupillare Distanz (IPD) 86

K

Kollision 31

L

Leaning Model 139
LLCM-WiP 145
Log4Net 54
Low-Latency Continuous-Motion
Walking-in-Place 145

M

Manipulation 105
drag 124
greifen 119
Mesh Collider 32
Midas-Touch-Problem 107
Middleware 19
Mixed Reality (MR) 3
MonoBehaviour 16

N

Natural Interface 108
NLog 50

NUnit 63
 Fixture 67
 parametrisierte Tests 67
 TestCase 68
 ValueSource 68

O
Objekt, interaktives 106
OpenXR 91
Outside-In-Tracking 89

P
Package Manager 20
Parallaxe 86
Pick 116
Player Log 42
Point Tugging 168
Portal 140
Präsenz 3

R
Raycast 37
RDW 155
 2 : 1 160
 Übertragbarkeit 156
 bending gain 165
 curvature gain 165
 cybersickness 156
 detection threshold 156
 Freeze-Backup 157
 Freeze-Turn 159
 Reset Aktion 156
 rotational gain 163
 Seiteneffekte 156
 Sicherheit 156
 translational gain 162
 Unbemerkbarkeit 156
Real Walking (RW) 134
Redirected Walking (RDW) 155

Reset-Aktion
 2 : 1 160
 freeze-backup 157
 freeze-turn 159
Rig 94
Rotational Gain 163

S
Scaled Walking 148
Sehen, stereoskopisches 86
Selektion 105
 go-go 125
 greifen 119
 Midas-Touch-Problem 107
 pick 116
 raycast 124
Simulatorkrankheit 5
Sphere Collider 32
Sprachsteuerung 88
SteamVR 97
Systemsteuerung 105

T
2 : 1-Technik 160
Tags 62
Teleportation 138
Tiefenwahrnehmung 86
Tracking 5
Translational Gain 162

U
Ultimate Display 3
Unity 16
 action map 22
 actions 21
 Audio 87
 awake 16
 binding 22
 box collider 32
 capsule collider 32

composite action 26
compound collider 32
control schemes 22
coroutines 70
debug 41
destroy 17
Event-Funktionen 16
fixed update 17
ILogger 41
input actions asset 27
Input-System 20
Koordinatenachsen 14
LastUpdate 17
Long-Time-Support 7
mesh collider 32
MonoBehaviour 16
OnApplicationQuit 17
OnDisable 17
OneTimeSetUp 70
Package-Manager 20
Physics.Raycast 37
player log 42
primitive collider 32
Provider 96
ray 37
raycast 37
RaycastHit 37
rig 94
sphere collider 32
Strahl 37
tags 62
Test Framework (UTF) 63
test runner 63
Unit-Test 64
Unity-Test-Framework 64
UnitySetup 70
UnityTest 70
Update 17

vive input utility toolkit 102
XR 96
XRI 96
Unreal 6

V
Vive Input Utility 102
    listener 111
    raycasting 124
    ViveCameraRig 102
VR-System 4
    Arbeitsbereich 89
    beobachtete Werte 5
    Head-mounted-Display
        (HMD) 87
    Inside-Out-Tracking 90
    middleware 19
    Outside-In-Tracking 89
    projection-based 87
    Tracking 5
VRPN 18

W
Walking-in-Place (WiP) 144
    arm-swinging 146
    LLCM 145
WaveXR 97
Way Finding 107
Wert, beobachteter 5
World Warping 125
World-in-Miniature (WiM) 58
    Rabbit-Out-of-the-Hat (ROH)
        113

X
XR 3
XRI Toolkit 96

Printed in the United States
by Baker & Taylor Publisher Services